**Ein Werkbuch
zur religiösen Erziehung
für Familie, Schule und Gemeinde**

**Herausgegeben von
Michael Jahnke**

Gütersloher Verlagshaus
Aussaat Verlag

Bibliografische Information Der Deutschen Bibliothek
Die Deutsche Bibliothek verzeichnet diese Publikation in der Deutschen
Nationalbibliografie; detaillierte bibliografische Daten sind im Internet über
http://dnb.ddb.de abrufbar.

ISBN 3-579-05508-9 (Gütersloher Verlagshaus)
ISBN 3-7615-5288-2 (Aussaat Verlag)
© Gütersloher Verlagshaus GmbH, Gütersloh
und Aussaat Verlag, Neukirchen-Vluyn, 2003

Das Werk einschließlich aller seiner Teile ist urheberrechtlich geschützt. Jede Verwertung außerhalb der engen Grenzen des Urheberrechtsgesetzes ist ohne Zustimmung des Verlages unzulässig und strafbar. Das gilt insbesondere für Vervielfältigungen, Übersetzungen, Mikroverfilmungen und die Einspeicherung und Verarbeitung in elektronischen Systemen.

Umschlaggestaltung: [grafyx], Visuelle Kommunikation GmbH, Hamburg,
unter Verwendung eines Fotos © [grafyx], Visuelle Kommunikation GmbH, Hamburg
Satz: Scanlight GmbH, Marienfeld
Druck und Bindung: Eurolitho, Cesano Boscone
Printed in Italy

www.gtvh.de
www.aussaat-verlag.de

Vorwort

Gute Wahl!
Es wäre erfreulich, wenn Sie nach der Arbeit mit diesem Werkbuch zu diesem Fazit kämen. Erfreulich deshalb, weil sich der Erwerb des Buches für Sie und die, mit denen Sie in der Familie, in der Schule oder der Gemeinde die Anregungen, Vorschläge und Ideen ausprobiert haben, dann gelohnt hat. Erfreulich für uns, weil Ihr Fazit unsere Arbeit wertvoll macht. Es hätte schließlich eine andere Wahl geben können: Es wäre leicht gewesen, einzustimmen in das Lamentieren all derer, die mit Kindern in den unterschiedlichsten Arbeitsbereichen zu tun haben. Über die mangelnde religiöse Sozialisation hätte geklagt werden können, über den Verlust religiöser Werte in der Gesellschaft, über die Abnahme der Vermittlung biblischer Inhalte in der Erziehung. Mit diesem Buch halten Sie Vorschläge in den Händen, wie solches Lamentieren beendet werden kann. Sie finden fundierte Einführungen in die unterschiedlichen Themen und eine Fülle von Möglichkeiten vor, religiöse Erziehung ganzheitlich, kreativ und originell zu gestalten.

Gute Wahl!
Verstehen Sie dies bitte als guten Wunsch für Ihre Arbeit mit diesem Werkbuch. Wenn Sie die Inhalte in Ihrem Bereich religiöser Erziehung einsetzen wollen, können Sie von den Auswahlhilfen in diesem Buch guten Gebrauch machen. Haben Sie sich für eines der zwölf Themen entschieden, sind zwei Auswahlhilfen von besonderer Bedeutung. Die Gestaltungsvorschläge sind den Begriffen *Sensibilisierung, Bewusstwerdung, Übertragung* und *Ausklang* zugeordnet. Diese Einteilung bestimmt, in welcher Art und Weise sich die praktischen Vorschläge zum Thema stellen. Suchen Sie einen einführenden Vorschlag, wählen Sie aus *Sensibilisierung*, suchen Sie einen inhaltlich vorstellenden Baustein, wählen Sie aus *Bewusstwerdung*. In der *Übertragung* finden Sie Ideen, die das biblische / religiöse Thema in die Lebenswelt der Kinder übersetzen, und mit Elementen aus dem *Ausklang* geben Sie den Kindern einen Zuspruch mit auf den Weg.

Mit den kurzen Erläuterungen zu den Vorschlägen haben Sie eine Hilfe an der Hand, schnell eine Übersicht zu gewinnen und das für Ihre Situation passende Element zu ermitteln.

Gute Wahl!
Dieses Buch passt sich Ihnen an! Sie finden hier sowohl »Rezepte«, die Sie übernchmen können, als auch Vorschläge, die Sie verändern, umgestalten, ausbauen, verkürzen und in andere Zusammenhänge setzen können. Jeder Gestaltungsbaustein will so verstanden werden – schließlich ist dies ein Werkbuch. Gelegentlich werden Sie um den Weg zum Kopiergerät nicht herumkommen. Weil gute Bilder mehr als tausend Worte sagen, sind viele Anregungen mit Bildern verknüpft. In einer kleinen Gruppe reichen die Bildvorlagen aus, um sie mit den Kindern zu betrachten. Ist die Gruppe größer, empfiehlt sich die Farbkopie auf eine Folie, die mit einem Tageslichtprojektor gezeigt werden kann. (Zur Not tut es auch die Schwarzweiß-Kopie für die Hand jedes Kindes ...) Und schließlich können Sie auch in der Redaktion der Kinderzeitung Meine Welt (www.meinewelt-online.de) nachfragen, ob Restexemplare der Zeitung, aus der die meisten Bilder stammen, noch verfügbar sind.

Gute Wahl!
An diesem Buch ist mit viel Mühe und Sorgfalt gearbeitet worden. Ein besonderer Dank gilt an dieser Stelle *Dr. Hermann Krekeler*. Ohne seine Mitarbeit wäre dieses Buch nicht entstanden. Als Erziehungswissenschaftler und langjähriger Redakteur der Zeitung »spielen und lernen« hat er einen professionellen Blick für didaktische und methodische Fragestellungen entwickelt. Diesen Blick hat er beim Entstehen des Werkbuches eingebracht und nicht nur die richtigen Fragen gestellt, sondern viele Ideen und Anregungen aus seinem Repertoire beigesteuert. Vielen Dank!

Ein weiterer Dank gilt *Claudia Marxen* von der Agentur grafyx. Sie hat dafür Sorge getragen, dass dieses Buch so aussieht, wie Sie es in den Händen halten. Gute Arbeit! Allen anderen, deren Texte und Beiträge in diesem Werkbuch Verwendung finden, sei an dieser Stelle auch ein herzlicher Dank gesagt!

Im Winter 2002/2003 *Michael Jahnke*

Jahresbeginn

Gott ist mit dir

Am Anfang des Jahres

»Was mir im neuen Jahr alles begegnen mag?«
Erinnern Sie sich noch an den letzten Jahreswechsel? Können Sie dem Moment des bewussten Überganges ein Gefühl oder eine Erwartungshaltung zuordnen? Ist Ihnen das Neue Jahr wie ein Berg vorgekommen, den es zu ersteigen gilt, oder wie eine Wiese, auf der Sie sich unbeschwert bewegen können? Ist es Ihnen wie so vielen Menschen so ergangen, dass Sie sich einen Zuspruch, eine Versicherung, eine Begleitung gewünscht haben?

Biblische Texte
1 Samuel 16,1-13
1 Samuel 17 i.A.
1 Samuel 18,5-16 (1 Samuel 16,14-23)

Der Jahreswechsel ist eine Gelegenheit für bewusstes Innehalten. Das vergangene Jahr kann in Erinnerung gerufen, bewertet und abgeschlossen werden. Das anbrechende Jahr wird bedacht. Der Mensch, der bewusst den Wechsel der Jahre erlebt, bezieht Stellung zum Vergangenen und zum Kommenden. Die Herausforderungen des neuen Jahres können besetzt sein mit Ängsten, die den Wunsch und die Hoffnung erzeugen, begleitet und unterstützt zu werden. Der Zuspruch der segnenden und schützenden Begleitung Gottes wird gerade zum Jahreswechsel als Mut machend und stärkend erlebt.

Stellen Sie sich den Jahreswechsel doch mal so vor: Der Übergang von einem Jahr zum nächsten ist wie der Wechsel von einem vertrauten Zimmer in ein neues, unbekanntes. Bevor die Tür zum alten Jahr geschlossen wird, schweift der Blick noch

Jahresbeginn

einmal durch den vergangenen Zeitraum. Was soll mit hinüber genommen werden - neben den Dingen, die sowieso mitgenommen werden oder im neuen Zimmer vorfindbar sind? Im kurzen Moment des bewussten Zögerns stellen sich Fragen ein: Was verbirgt sich hinter der Tür? Was hält das neue Jahr bereit? Was wird geschehen?

Dieser Moment verunsichert: Ein neues Jahr lässt sich nicht gänzlich planen. Es kann nicht alles bleiben, wie es war. Es gibt keine Sicherheit, dass der Arbeitsplatz erhalten und die Gesundheit stabil bleibt. Wie gut tut es, wenn in dieser Verunsicherung eine Kontinuität Einzug halten kann. Der rote Faden, der sich über den Flur von einem Jahr ins nächste spannt, ist die Zusage: Gott ist mit dir.

In einer Gesellschaft, in der Ereignisse wie ein Jahreswechsel eher erlebnisstark gefeiert als besinnlich begangen werden, bleibt selten Platz für bewusste Prozesse des Abschlusses und des Neubeginns. Dem Menschen aber, dem ein Wechsel der Jahre zur Bewusstwerdung dient, begegnen Fragen nach Sinn, nach Sicherheit und Konstanz in der vergehenden Lebenszeit. Hier hat der Zuspruch eines segnenden und begleitenden Gottes einen Platz.

Der Mensch erfährt: Ich bin nicht allein. Gott ist mit mir.

Biblischer Zuspruch
Gott ist mit dir.

DIE SITUATION DER KINDER

Denken Sie für einen Moment an die Kinder, mit denen Sie es zu tun haben. Wie erleben Sie die Kinder in dem Umgang mit dem Jahreswechsel? Für Kinder stellt der Jahreswechsel in erster Linie ein Ereignis dar. Der lange Abend bis in die Nacht, das Feuerwerk und nicht zuletzt der festliche Rahmen in guter Gemeinschaft machen den Jahresübergang zum Abenteuer. Die Bedeutsamkeit, die diese Schwellensituation hat, ist für Kinder nicht einfach ersichtlich. Dennoch ist der Moment der Verunsicherung ob einer Veränderung, eines bevorstehenden Ereignisses oder eines erwarteten Geschehens Kindern keineswegs fremd – sie kann freudige Erwartungen hervorrufen, aber auch mit Angst einhergehen und die kindliche Neugier in den Hintergrund drängen. Allerdings bezieht sich die Verunsicherung auf konkrete Situationen, nicht auf unspezifische Momente wie Jahreswechsel oder Neues Jahr.

Kinder erleben in Schwellen- und Erwartungssituation durchaus Verunsicherung und Angst.

Auch wenn Kinder den Jahresübergang nicht als bedrückende Schwellensituation empfinden, sondern eher als erlebnisreiches Highlight, kann der Übergang doch bewusst gestaltet werden und Raum bieten für Reflexion und Ausblick. Der so gestaltete Umgang mit Erlebtem und Ungewissem in einer Schwellensituation bietet Kindern die Möglichkeit, Verhalten in kommenden, notvollen Schwellenmomenten einzuüben. Sie können erleben, wie sich bewusster Umgang mit Schwellensituationen gestaltet.

Kinder können das Vergangene schätzen lernen und sich auf das Neue freuen.

Die Einbettung eines Momentes in eine erlebte Vergangenheit und in eine erwartete Zukunft anlässlich des Jahreswechsels macht Kindern das bewusste Erleben von Zeit und Existenz möglich. Sie erleben: Das war ich im vergangenen Jahr! Diese Erlebnisse und Erfahrungen sollen mich begleiten. Sie entdecken: Das wünsche ich mir. Diese Erwartungen und Vorstellungen habe ich, wenn ich an das kommende Jahr denke. Eltern und Mitarbeiter haben die Möglichkeit, von dem reichen Schatz ihrer Erfahrungen mitzuteilen und den Umgang mit dem Erwarteten vorzuleben.

Kinder brauchen den gelebten Zuspruch von Segen, Begleitung und Schutz.

Kinder brauchen Haltepunkte, wenn ihnen Übergänge und Schwellensituationen bewusst werden. Der Zuspruch von Gottes Segen, seiner Begleitung und seinem Schutz ist ein solches Geländer, das Kinder durch ein Jahr begleitet.

Wichtig ist, dass Kinder diesen Zuspruch erleben können. Dies kann durch das Entdecken von Vorbildern geschehen. Kinder sehen: So hat Gott seinen Segenszuspruch verwirklicht. Gleichsam sind Eltern und Mitarbeiter hier gefragt, den Zuspruch Gottes in ihrer begleitenden und schützenden Zuwendung deutlich zu machen – im Vertrauen darauf, dass Gott letztendlich seinen Zuspruch einlösen wird.

Jahresbeginn

SENSIBILISIERUNG
Kinder in Übergangssituationen begleiten meint, ihnen die Angst vor Veränderung zu nehmen.

▶ **Die vier Elemente**

Ablauf: Einer ist Spielleiter. Die anderen Mitspieler gehen gemächlich im Raum herum. Plötzlich ruft der Spielleiter den Namen von einem der Elemente: Feuer, Erde, Luft oder Wasser. Jetzt müssen alle blitzschnell reagieren, denn zu jedem Element gehört eine Aktion.

- **Feuer:** Alle rennen zum roten Tuch und tanzen darauf mit erhobenen Armen.
- **Erde:** Alle hocken sich auf den Boden, wo sie gerade sind.
- **Luft:** Alle klettern auf die zusammengestellten Tische und bewegen die Arme wie Vögel ihre Flügel.
- **Wasser:** Alle legen sich auf den Bauch und machen Schwimmbewegungen.

Der Spielleiter passt auf. Wer als Letzter den richtigen Platz erreicht oder die richtigen Bewegungen macht, bekommt einen Minuspunkt. Wer nach einer festgelegten Zeit am wenigsten Minuspunkte hat, wird neuer Spielleiter.
Die Kinder erleben spielerisch den Wechsel von Situationen.

Die Reaktion auf ein ungewisses Ereignis wird spielerisch erlebt.
Alter der Kinder: 4-12 Jahre
Anzahl: 5-50
Zeitrahmen: 10 Minuten
Material: farbiges Tuch, Tische

▶ **Stopp and go**

Ablauf: Der Spielablauf ist dem bekannten Spiel »Ochs am Berg« nachempfunden. Ein Kind ist der Wächter und stellt sich an der einen Seite des Raumes mit dem Rücken zum Raum auf. Die anderen Kinder stehen an der gegenüberliegenden Seite und sollen versuchen, so schnell wie möglich den Wächter zu erreichen. Der Wächter gibt dazu eine Bewegungsart (wie ein Affe, wie ein Fisch, auf allen Vieren, Spinnengang etc.) vor. Auf ein Signal bewegen sich die Kindern zum Wächter hin. Der ruft laut »Wächter auf der Schwelle« und dreht sich dann zum Raum hin um. Sofort müssen die Bewegungen der Kinder zum Stillstand kommen. Entdeckt der Wächter eine Bewegung, muss das Kind zum Ausgangspunkt zurück. Der Wächter ruft: Wie lauft ihr? Die Kinder antworten z.B.: Wie ein Affe. Darauf gibt der Wächter eine neue Bewegungsart vor und dreht sich wieder zur Wand hin. Der beschriebene Spielablauf beginnt mit der veränderten Bewegungsart erneut. Erreicht ein Kind den Wächter, wird es zum neuen Wächter und das Spiel beginnt von vorne.
Die Kinder erleben spielerisch den Moment des bewussten Innehaltens und der Veränderung.

Der Moment des Innehaltens in der Bewegung wird spielerisch erlebt.
Alter der Kinder: 5-12 Jahre
Anzahl: 5-50
Zeitrahmen: 10 Minuten
Material: kein Material erforderlich

BEWUSSTWERDUNG
Kinder in Übergangssituationen begleiten meint, ihnen das Vergangene lieb zu machen.

▶ **Jahreskoffer packen**

Ablauf: Die Kinder sitzen in einem Kreis. Zuerst denkt jedes Kind über das vergangene Jahr nach, über die schönen Momente und die weniger schönen, und überlegt sich, was es auf jeden Fall mit in das neue Jahr nehmen möchte und deshalb in den Jahreskoffer einpackt. Das können spannende Erlebnisse sein, schöne Momente, tolle Geschenke und vielleicht sogar Menschen, die neu kennen gelernt wurden. Sogar wichtige Gedanken können eingepackt werden – und Wünsche, die im vergangen

Erlebnisse und Erinnerungen aus dem vergangenen Jahr werden in den Koffer gepackt.
Alter der Kinder: 5-12 Jahre
Anzahl: 2-6 Kinder, Kleingruppenbildung bei größerer Gruppe
Zeitrahmen: 10 Minuten
Material: kein Material erforderlich

Jahresbeginn

Jahr noch nicht in Erfüllung gegangen sind. Reihum steckt nun jeder ein »Ding« in den Koffer. Lena fängt an: »Ich packe einen Urlaub auf dem Bauernhof in den Koffer, denn der war super klasse!« Christian ist der Nächste: »Zu Lenas tollem Urlaub auf dem Bauernhof stecke ich die Sony-Play-Station, die ich zum Geburtstag bekommen habe«, und Britta macht weiter: »Und ich packe zu Lenas Urlaub auf dem Bauernhof und Christians Play-Station meine neue Freundin Tina, die ich in meiner neuen Schule kennen gelernt habe, in den Jahreskoffer.« Nach einiger Zeit sind eine ganze Menge Sachen im Koffer – und es ist gar nicht leicht, alles zu behalten und aufzuzählen. Das Spiel endet, wenn jeder mindestens einmal den Koffer gepackt hat.

▶ **David – von Gott begleitet und beschützt**

Ablauf: Zu dem Themenschwerpunkt »David« gehören die Bausteine »David-Rätsel«, »David-Geschichten«, »Personen- und Sach-Memory«, »Bild-Betrachtung« und »Angst-Riesen besiegen«. Die Bausteine können je nach Bedarf eingesetzt werden.

Anhand der Person David erleben die Kinder, dass Gott begleitet und schützt.
Alter der Kinder: 6-12 Jahre
Anzahl: beliebig
Zeitrahmen: über mehrere Einheiten
Material: siehe einzelne Bausteine

▶ **David-Rätsel**

Ablauf: Die Kinder erhalten die Kopie der Rätselvorgabe mit folgender Aufforderung:

Weißt du, wer David ist? Bestimmt hast du einige Geschichten über ihn gehört. Hier siehst du einige Gegenstände, die zu David passen und die zeigen, wer und was David ist. Findest du die passenden Gegenstände heraus, und weißt du, in welchen Geschichten sie eine Rolle spielen?

David wird in einem Rätsel vorgestellt.
Alter der Kinder: 6-12 Jahre
Anzahl: beliebig
Zeitrahmen: 5 Minuten
Material: Kopie der Rätselvorlage

Rätsellösung

Harfe und Noten:	David ist ein Musiker; er hat viele Lieder geschrieben.
Hirtenstab und Schaf:	Als jüngster Sohn von Isai ist es Davids Aufgabe, die Schafe zu hüten.
Stab, Schleuder und Helm:	David hat als Kämpfer und Krieger viele Kriege geführt; unter anderem den Kampf gegen Goliath.
Krone:	David wird nach Sauls Tod zum König von Israel.
Landkarte:	Als König gründet David das Land Israel.
Handschellen und Gefängnis:	David wird bestraft, weil er einem anderen Mann die Frau wegnimmt.

Jahresbeginn

Im Zusammenspiel der Bausteine statten die Kinder die Figur David mit drei charakteristischen Merkmalen aus und lernen David so kennen.

Alter der Kinder: 6-12 Jahre
Anzahl: beliebig
Zeitrahmen: 20 Minuten
Material: Kopie einer der drei David-Figuren für jedes Kind, Stifte, Kopie der Rätselvorlage

Drei Ausschnitte aus dem Leben Davids werden nacherzählt.

▶ **David-Rätsel und David-Geschichten**
Ablauf: Die Geschichten werden erzählt. Dann wird der Gegenstand aus dem Rätsel zur David-Figur hinzugefügt (ausschneiden und kleben oder malen).

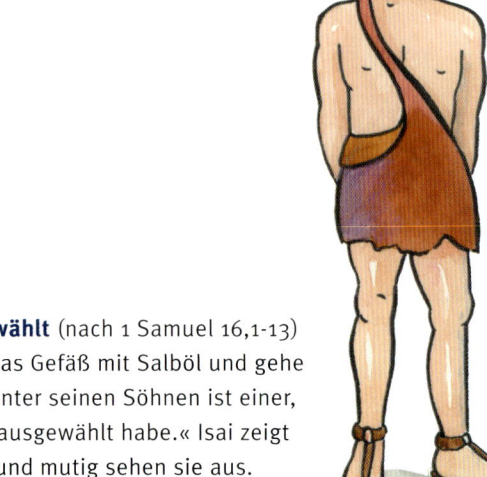

▶ **David-Geschichten**

Geschichte: David wird von Gott gewählt (nach 1 Samuel 16,1-13)
Gott hat zu Samuel gesagt: »Nimm das Gefäß mit Salböl und gehe nach Bethlehem in das Haus von Isai. Unter seinen Söhnen ist einer, den ich mir zum neuen König für Israel ausgewählt habe.« Isai zeigt Samuel seine Söhne. Groß, stark, klug und mutig sehen sie aus. Samuel denkt: »Gewiss wird einer von diesen Söhnen der neue König!« Doch Gott sagt zu Samuel: »Du urteilst nach dem, was du vor dir siehst. Ich aber sehe das Herz an. Keinen von diesen Söhnen will ich zum neuen König machen!« Samuel fragt Isai: »Hast du nicht noch einen Sohn?« »Doch«, sagt Isai, »meinen jüngsten Sohn David. Aber der ist draußen auf dem Feld und hütet die Schafe.« Als David vor Samuel steht, sagt Gott: »Der ist es! Salbe ihn zum Nachfolger von König Saul!«
(Charakteristischer Gegenstand: Königskrone)

Geschichte: David vertraut auf Gott (nach 1 Samuel 17 i.A.)
Isai hat zu David gesagt: »Nimm den Rucksack mit dem Proviant und bringe ihn zu deinen drei ältesten Brüdern im Heerlager!« Als David im Lager ankommt, stellt sich gerade das Heer der Israeliten dem Heer der Philister entgegen. Aus den Reihen der Philister tritt der riesige Soldat Goliath vor. Er ist über drei Meter groß, trägt eine starke Rüstung und ist schwer bewaffnet. Er schreit: »Schickt mir einen eurer Soldaten zum Zweikampf, ihr Feiglinge! Wenn er mich besiegt, werden wir eure Sklaven! Besiege ich ihn, seid ihr unsere Sklaven. Ihr feigen Hunde! Traut sich keiner von euch? Was seid ihr doch für Memmen!« Keiner der israelitischen Kämpfer traut sich, es mit diesem Koloss aufzunehmen. David sagt zu König Saul: »Mit Gottes Hilfe will ich diesen Goliath besiegen!« Mit seinem Hirtenstab und seiner Steinschleuder bewaffnet geht er Goliath entgegen. Goliath kann es kaum glauben, dass ihn ein Hirtenjunge zum Kampf herausfordert. Er verspottet David. Aber David sagt: »Ich brauche keine schweren Waffen und keine starke Rüstung. Ich vertraue auf Gottes Hilfe!« Dann nimmt er seine Steinschleuder und schleudert Goliath einen Stein an die Stirn. Goliath fällt tot auf den Boden. Die Philister fliehen voller Angst.
(Charakteristischer Gegenstand: Steinschleuder)

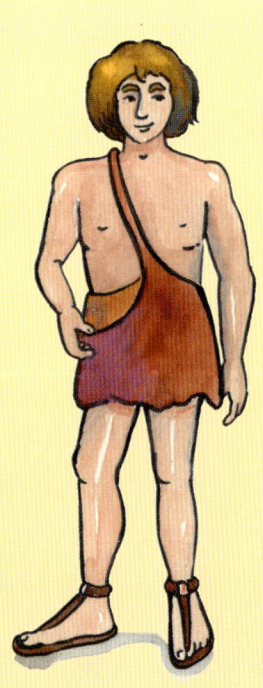

Geschichte: David steht unter Gottes Schutz (nach 1 Samuel 18,5-16)
König Saul hat David zu sich gerufen. Immer, wenn es König Saul schlecht geht, kommt David und spielt ihm auf der Harfe schöne Melodien vor, bis es König Saul besser geht. Wenn es König Saul schlecht geht, ist er unberechenbar. Und er ist neidisch auf David. Das Volk hat David zugejubelt, nachdem er den Goliath besiegt und damit

Jahresbeginn

die Philister in die Flucht geschlagen hat. »Tausende Feinde hat Saul erschlagen, doch zehntausend waren es, die David erschlug!«, haben die Menschen gesungen. Als David wie gewöhnlich beginnt, auf seiner Harfe zu spielen, nimmt König Saul seinen Speer und wirft ihn auf David. Doch Gott schützt David. Der Speer verfehlt David und bohrt sich in die Wand. Die Kinder erleben, wie David von Gott begleitet und beschützt wird.

(Charakteristischer Gegenstand: Harfe)

▶ **Personen- und Sachmemory**

Ablauf: Es werden Memory-Karten mit den Personen oder Handlungen aus den David-Geschichten erstellt. Dabei wird auf eine der Karten der Begriff, auf die zweite Karte eine Erklärung zum Begriff geschrieben oder gemalt. Dann wird nach üblichen Memory-Regeln gespielt. Gesucht werden die passenden Paare aus Begriff und Erläuterung. Die Erläuterungen werden nach Notwendigkeit wiederholt vorgelesen.

Personen und Handlungen aus den David-Geschichten werden spielerisch erklärt.
Alter der Kinder: 6-12 Jahre
Anzahl: 2-12
Zeitrahmen: 10-30 Minuten
Material: Pappkarten, Stifte

Samuel:	Samuel ist der Prophet in Israel. Gott spricht zu ihm über das, was er mit dem Volk Israel vorhat.
Salböl/Salbung:	Mit einem kostbaren, wohl riechenden Öl streicht Samuel David über den Kopf. Dies ist ein Zeichen dafür, dass David der neue König werden wird.
Saul:	Saul ist der erste König des Volkes Israel. Doch er handelt nicht so, wie es Gott gefällt. Deshalb wird David zu seinem Nachfolger ernannt.
Philister:	Die Philister sind ein Nachbarvolk der Israeliten. Immer wieder führen sie Krieg mit den Israeliten.
Goliath:	Goliath ist der riesige Kämpfer der Philister, der den Kämpfern der Israeliten Angst und Schrecken beschert.
Isai:	Isai ist Davids Vater.
usw.	

▶ **Bild-Betrachtung**

Ablauf: Die Kinder betrachten das Poster.
Fragen: *Was seht ihr?*
Wie kann es geschehen, dass der Kleine den Großen besiegt hat?
Die Kinder verstehen, dass mit Gottes Hilfe erstaunliche Dinge möglich sind.

Das Poster wird erzählend betrachtet.
Alter der Kinder: 5-12 Jahre
Anzahl: beliebig
Zeitrahmen: 5 Minuten
Material: farbige Kopie der Poster-Vorlage auf Folie, Overheadprojektor

ÜBERTRAGUNG

Kinder in Übergangssituationen begleiten meint, ihnen die Furcht vor dem Ungewissen zu nehmen und sie neugierig auf das Neue zu machen.

▶ **Angst-Riesen besiegen**

Ablauf: Gemeinsam mit den Kindern wird der Riese erstellt, gefüllt und besiegt. Dazu werden die Kinder wie folgt aufgefordert: *Hast du Angst? Manchmal? Vielleicht vor den Dingen, die dir im neuen Jahr passieren können? Dann besiege den Angst-Riesen! Für den Angst-Riesen brauchst du Pappkarton. Einige Bögen sollen es schon sein, denn der Angst-Riese ist riesig groß! Aus den Bögen schneidest du den Körper,*

Spielerisch werden Ängste in Schwellensituationen besiegt.
Alter der Kinder: 6-12 Jahre
Anzahl: beliebig
Zeitrahmen: 10-30 Minuten
Material: Pappe, Mustervorlagen und Scheren, Briefverschluss-Ösen, Wollfäden, Stifte oder Kopie einer Riesen-Vorlage

11

Jahresbeginn

einen Kopf, zwei Arme, Hände, zwei Beine und die Füße aus. Einen Helm und ein Schwert kann der Angst-Riese natürlich auch haben. Dem Gesicht kannst du mit Wollfäden einen Bart und Haare zufügen. Dann schreibst du die Dinge, die dir Angst machen, auf die Körperteile des Riesen. Überlege ein bisschen und sei ehrlich! Nun bindest du die Körperteile zusammen und stellst den Riesen mit Hilfe eines Strickes auf. Schau ihn dir an, den Angst-Riesen. Zum Fürchten sieht er aus. Und jetzt kannst du eine Schere nehmen und den Strick, der den Riesen aufrecht hält, durchschneiden. Da liegt er nun, dein Angst-Riese!

▶ **Zuspruch**

Am Anfang eines neuen Jahres kann man Angst haben. Wie ein Riese Goliath steht das neue Jahr bevor. Gott macht uns Mut, mit seiner Hilfe die Angst zu besiegen.
Die Kinder erleben, dass sie sich mit ihren Ängsten auseinander setzen können.

Spielerisch kann Schutz erlebt werden.
Alter der Kinder: 5-12 Jahre
Anzahl: 5-25
Zeitrahmen: 10 Minuten
Material: kein Material erforderlich

▶ **Das Schütz-Spiel**

Ablauf: Eines der Kinder wird zum Fänger ausgeschaut, eines zum Läufer. Die anderen sind die Schützer. Sie finden sich immer zu Paaren zusammen und bilden eine Schutzhütte, indem sie sich gegenüberstellen und sich mit über dem Kopf ausgestreckten Händen zu einem Dach verbinden. Dann geht das Spiel los. Der Fänger verfolgt den Läufer und versucht, ihn abzuschlagen. Dieser rennt durch den Raum und kann sich in eine der Schützerhütten retten. Tut er das, wird einer der beiden Schützer zum neuen Jäger, der vorige Jäger auf einmal zum Läufer. Schlägt der Jäger den Läufer ab, müssen die Schutzhütten mit anderen Partnern neu gebildet werden. Die Kinder erleben spielerisch, dass sie anderen zum Schutz werden können.

AUSKLANG

Kinder in Übergangssituationen begleiten meint, ihnen Gottes Begleitung und Schutz zuzusprechen.

Mit der Wunschblume können die Kinder anderen Kindern oder Erwachsenen ein gutes neues Jahr wünschen.
Alter der Kinder: 5-12 Jahre
Anzahl: beliebig
Zeitrahmen: 15 Minuten
Material: Blumenvorlage, Papier, Stifte, Schere, ggf. Behältnisse mit Wasser

▶ **Wunschblume basteln**

Ablauf: Die Kinder basteln die Wunschblume nach folgender Vorgabe:
Mit der Wunschblume kannst du deinem Freund, deiner Freundin, deinen Eltern, den anderen Kindern im Kindergarten oder einem Menschen, den du besonders gern magst, etwas Gutes für das neue Jahr wünschen! Zuerst bleibt dein Wunsch aber noch ein Geheimnis! Wie das geht? Ganz leicht! Du nimmst dir ein Blatt Papier und zeichnest die Blume aus der Vorlage ab. In die Mitte malst du oder schreibst du deinen guten Wunsch. Du kannst einen bekannten Wunsch nehmen oder dir einen eigenen, neuen ausdenken. Dann schneidest du die Blume aus und faltest die Blütenblätter leicht über den Wunsch.
Und jetzt der Trick! Wenn die Blume auf Wasser gelegt wird, falten sich die Blütenblätter von alleine auf und der gute Wunsch erscheint! Tolle Sache!

Jahresbeginn

Wahlverse für die Bastelblume:
Gott und ich sind deine Freunde!
Gott lässt dich nicht im Stich!
Gott und ich begleiten dich!
Gott hört zu, wenn du mit ihm sprichst!

Die Kinder erleben, dass ihre Wünsche den anderen begleiten.

▶ **Seid behütet und beschützt**
Ablauf: Die Kinder stellen sich in einen Kreis und fassen sich an den Händen.
Der Segen wird gesprochen.

1. Seid behütet und beschützt auf dem Weg durch die Zeit,
   von unserem Gott, der bei uns bleibt,
   mit seiner Güte bei uns bleibt auf dem Weg durch die Zeit.

2. Seid behütet und beschützt, wo auch immer ihr geht,
   von unserem Gott, der zu uns steht,
   mit seiner Liebe zu uns steht auf dem Weg durch die Zeit.

3. Seid behütet und beschützt überall auf der Welt,
   von unserem Gott, der trägt und hält,
   mit seinem Segen trägt und hält auf dem Weg durch die Zeit.

4. Seid behütet und beschützt, wenn der Tag auch graut,
   von unserem Gott, der uns vertraut,
   der uns die Schöpfung anvertraut auf dem Weg durch die Zeit.

5. Seid behütet und beschützt wie ein Vogel im Nest,
   weil unser Gott uns nie verlässt,
   nicht einen Augenblick verlässt auf dem Weg durch die Zeit.

Text: Hans-Jürgen Netz; Melodie: Fritz Baltruweit
Aus: Jeder Tag ist ein Geschenk, 1999, © tvd-Verlag, Düsseldorf

Die Kinder erleben, dass Gottes Segen sie begleitet.

Segensaktion zum Ausgang
Alter der Kinder: 4-12 Jahre
Anzahl: beliebig
Zeitrahmen: 5 Minuten
Material: kein Material erforderlich

▶ **Gebet**
   Ich danke Gott

Ich danke Gott für alle seine Wunder,
die Tiere, alles, was er erschaffen hat,
dass ich auf der Welt leben darf,
dass ich alles habe, was ich brauche.
Für das neue Jahr bete ich,
dass sich alle Menschen vertragen,
dass es keine Kriege,
keine Hungersnot,
keine armen Länder mehr gibt,
dass keine Menschen mehr auf
der Straße leben müssen.

Matthias Schreck, 11 Jahre

Brot

Brot teilen

Brot teilen
»Geteiltes Brot schmeckt doppelt gut!«
Jeder Mensch trägt Brot-Erinnerungen in sich. Oder er verknüpft mit dem Nahrungsmittel Brot ein Tischbild oder eine Essens-Szene von besonderer Bedeutung. Das kann der Hefezopf auf dem schön gedeckten Tisch am Sonntagmorgen sein, das abgebrochene Stück Baguette zu Käse und Wein in geselliger Runde oder das selbst gebackene Brot, das mit Marmelade noch vom Blech verkostet wird. Welche Brot-Erinnerungen begleiten Sie? Welche Situationen und Momente haben Sie vor Augen?

Können Sie Brot riechen, wenn Sie sich einen frischen Laib vorstellen?

Brot ist mehr als ein reines Nahrungsmittel. Der Begriff steht umfassend für den Lebensunterhalt an sich. Aus unterschiedlichen Richtungen interpretiert, verknüpfen sich mit dem Symbol Brot Bedeutungen wie »Soziale Gerechtigkeit«, »Leben« oder »Gemeinschaft«. In der christlichen Religion erhält das Brot seine besondere Bedeutung im Abendmahl und im sinnbildlichen Ausspruch Christi: »Ich bin das Brot des Lebens«.

An den Wortwendungen »in Lohn und Brot stehen«, »tägliches Brot« oder »Wes Brot ich ess, des Lied ich sing« wird deutlich, dass Brot gleichsam für Lebensunterhalt steht und unentbehrlich ist. »Brot und Wasser« ist die Mindestration für den erbärmlichsten Gefangenen, »Brot und Wein« bezeichnen ein Festmahl.

Das »Brot brechen« steht aber nicht nur für erlebte Gemeinschaft, sondern auch für

Brot

ein symbolisches Handeln eingangs des Abendmahls, das in den Leib-Brot-Vergleich Christi mündet.

Die Bedeutung des »Brotteilens« entfaltet sich nicht nur im gemeinschaftsbezogenen Sinn, sondern viel mehr in der Tätigkeit dem Armen und Hilfsbedürftigen gegenüber und findet sich in Organisationsformen wie »Brot für die Welt« wieder. Im biblischen Bezug hat das geteilte und vermehrte Brot in der Erzählung der Speisung der 5.000 einen wesentlichen Platz.

Aufgrund der Bedeutungsvielfalt des Symbols Brot fällt es nicht leicht, den religionspädagogischen Bezug zu begrenzen. Für unsere Gestaltung ist das »Brot teilen« und damit der symbolische Gehalt der teilenden Gemeinschaft und der sozialen Gerechtigkeit wichtig. An der Person Christi lassen sich beide Momente entdecken: Wird beim ersten der vorgeschlagenen Bibeltexte vor allem deutlich, wie Gott sein erwähltes Volk mit dem »täglichen Brot« (hier: Wachteln und Manna) versorgt, ist mit der Speisung der 5.000 das Moment des »Teilens« in den Vordergrund gerückt. Nicht nur die Kinder können hier entdecken, dass es bereichernd sein kann, vom Eigenen abzugeben. In der Umkehrung ist das Teilen an sich ein zutiefst religiöses Geschehen: Was ein Mensch einem bedürftigen Menschen tut, das tut er gleichsam Christus.

Biblische Texte
2 Mose 16 i.A.
Johannes 6,1-15
Johannes 21,1-14 (Johannes 6,35)

Biblischer Zuspruch
Jesus spricht:
Ich bin das Brot des Lebens.

DIE SITUATION DER KINDER

Nicht selten geht Brot bei Kindern nicht den vorgesehenen und erwünschten Weg, sondern wandert geradewegs in den Abfall. Brot ist als »Wegwerfprodukt« zum Symbol unserer Überflussgesellschaft geworden. Das mag daran liegen, dass Menschen im Allgemeinen der ganzheitliche Zugang zum Brot verwehrt ist – obwohl das Nahrungsmittel Brot mit seiner komplexen Bedeutungszuschreibung einen erfahrungsnahen Umgang anbietet wie kaum ein anderes. Wenn es gelingt, Kindern Erlebnisse des Schmeckens, Riechens und Fühlens zu ermöglichen, werden sie eher den Wert des Brotes erfassen können und aufgeschlossen sein für seine symbolische Bedeutung.

Kinder können Brot mit allen Sinnen entdecken, wenn sie die Möglichkeit dazu bekommen.

Sie werden dann gerne bereit sein, im übertragenen Sinne »Brot zu teilen«, wenn sie entdecken und erleben, dass ihr Engagement und ihr Einsatz für den anderen Ernst genommen wird und Wirkung zeigt.

Kinder können teilen, wenn sie die Not des anderen Menschen verstehen oder erleben, dass Teilen bereichert.

SENSIBILISIERUNG

Kinder zum Teilen zu animieren heißt, selber zu teilen.

▶ **Bonbons teilen**

Ablauf: Zu Beginn des Spiels bekommt jeder Mitspieler 10-15 Bonbons. Reihum wird gewürfelt. Wer an der Reihe ist, verteilt so viele Bonbons an seine Mitspieler, wie er Punkte gewürfelt hat. Ganz so wie er mag, kann er sie alle einem Mitspieler geben oder nach Belieben verteilen. Wenn einer alle seine Bonbons weggegeben hat, darf er seine Mitspieler um eine Spende bitten. Bekommt er mehr zurück, als er verteilt hat?

Die Kinder können erleben, wie gut es tun kann abzugeben.

Die Kinder erleben das Moment des Teilens und erfahren, wie es ist, nichts zu haben.
Alter der Kinder: 6-12 Jahre
Anzahl: 3-6, Kleingruppenbildung bei größeren Gruppen
Zeitrahmen: 10 Minuten
Material: Bonbons, Würfel

Brot

Mit Korni, dem Weizenkorn, erleben die Kinder den Weg vom Korn zum Brot mit.

Alter der Kinder: 4-12 Jahre
Anzahl: beliebig
Zeitrahmen: 10 Minuten
Material: farbige Folienkopie, Overheadprojektor oder Kopie für jedes Kind

▶ **Korni auf Reisen**

Ablauf: Die Folie wird aufgelegt oder die Kopien werden ausgeteilt. Gemeinsam wird versucht, die Bilder in die richtige Reihenfolge zu bringen. Die Geschichte von Korni wird gemeinsam erzählt.

Darf ich dir Korni, das Weizenkorn, vorstellen? Korni geht auf die Reise. Das kannst du auf den Bildern sehen. Hoppla! Da sind die Bilder durcheinander geraten. So was! Kannst du die Bilder in eine richtige Reihenfolge bringen und die Geschichte von Kornis Reise erzählen? Wenn du die Bilder richtig zusammengesetzt hast, ergibt sich auch ein wichtiger Satz!

Die Kinder erleben, wie viel Mühe und Aufwand es macht, bis ein Brot entsteht.

Das Brot

*Wenn ich ein Bäcker wäre,
dann gäb es keine Not;
dann büke ich für alle Welt
ein riesengroßes Brot.*

*Das Brot wär wie die Sonne,
so golden, so voll Duft.
Es kitzelte die Nase
wie süße Frühlingsluft.*

*Und es ernährte viele,
ob Jung, ob Alt, ob Arm,
von Indien bis Chile,
auch manchen Vogelschwarm.*

*Das wär ein großes Datum,
das man im Kopf behält:
Der Tag-ohne-den-Hunger,
der schönste Tag der Welt.*

VerfasserIn unbekannt

BEWUSSTWERDUNG

Kinder zum Teilen zu animieren meint, ihnen die Notwendigkeit des Teilens begreiflich zu machen.

Brot

▶ **Stockbrot**

Ablauf: Ein Brotteig aus 500 g Mehl, 250 ml Milch, 1 Päckchen Trockenhefe, 200 g Zucker, 150 g Butter und einer Prise Salz wird angerührt, gut verknetet und auf die Heizung gestellt. Wenn der Teig gegangen ist, wird ein Stück Teig um das vordere Ende eines gesäuberten Stockes gewickelt (nicht zu dick) und über der Glut gebacken. Um das Moment des Teilens in den Vordergrund zu rücken, darf die Regel gelten, dass keiner das eigene Stockbrot alleine essen darf.

Alternativ kann auch gemeinsam Brot im Ofen gebacken werden. Die Kinder erleben das Moment des Brotbackens und der Tischgemeinschaft als bereichernd.

Kinder erleben Brot backen und Brot teilen live.
Alter der Kinder: 4-12 Jahre
Anzahl: 2-50
Zeitrahmen: 45 Minuten
Material: Stockbrotteig, Feuer, Stöcke, Marmelade, Messer, Servietten

▶ **Schnecken-Rennen**

Ablauf: Zunächst werden die Spielfiguren und die Würfel gebastelt. Dazu werden die Figuren und die Würfel auf Pappe geklebt und ausgeschnitten. Die Würfel werden zusammengeklebt. Alternativ kann ein Würfel aus einem anderen Spiel mit entsprechenden Symbolen beklebt werden. Die Korken werden halbiert und mit dem Messer eingeschnitten, sodass sich die Figuren jeweils aufrecht einstecken lassen.

Variante für jüngere Kinder (5-7 Jahre)

Gespielt wird mit einer Schnecke und einem Vogel. Der Würfel mit zwei Vogel- und vier Schneckensymbolen kommt zum Einsatz. Der Vogel kommt auf das Startfeld, die Schnecke hat zwei Felder Vorsprung. Auf die B-Felder wird jeweils eine Süßigkeit gelegt, die teilbar ist. Jeder Spieler würfelt. Jeweils die Schnecke oder der Vogel werden nach Würfelsymbol um ein Feld vorwärts gezogen. Der Spieler, der die Schnecke auf ein B-Feld setzt, kann die Süßigkeit in Verwahrung nehmen. Am Schluss des Spiels werden die Süßigkeiten geteilt. Holt der Vogel die Schnecke ein, endet das Spiel vorzeitig.

Variante für ältere Kinder (8-12 Jahre)

Gespielt wird mit zwei Schnecken, einem Vogel und dem Würfel mit einem Vogel-, einem Doppelvogel-, drei Schnecken- und einem Doppelschneckensymbol. Der Vogel kommt auf das Startfeld, die Schnecken haben zwei bzw. drei Felder Vorsprung. Die Spieler würfeln reihum. Beide Schnecken müssen nun so gezogen werden, dass der Vogel sie nicht einholen kann. Zeigt der Würfel den Doppelvogel, wird der Vogel zwei Felder vorwärts gezogen; zeigt er die Doppelschnecke, kann entweder eine Schnecke zwei Felder oder beide Schnecken je ein Feld vorwärts gezogen werden. Jeweils die erste Schnecke (Variante: die zweite) sammelt die Süßigkeit auf den B-Feldern ein. Der jeweilige Spieler entscheidet am erfolgreichen Spielende, wie viel er den anderen verteilen will. Erreicht der Vogel allerdings vorher eine Schnecke, müssen alle Süßigkeiten wieder abgegeben werden.

Der Spielplan kann für beide Varianten mit den Kindern zusätzlich gestaltet werden. Welche Aktionen können zusätzlich auf den Feldern stattfinden?

Die Kinder können erleben, dass es gut ist, auf den anderen Rücksicht zu nehmen und als Gemeinschaft gerecht zu handeln.

Kinder erleben das Moment des gemeinsamen Tuns, um zum Ziel zu kommen.
Kinder erleben das Dilemma, um eines gemeinsamen Gewinnes wegen auf den eigenen Vorteil zu verzichten.
Alter der Kinder: 5-12 Jahre
Anzahl: 2-6 – Kleingruppen bei größerer Gruppe
Zeitrahmen: 10-30 Minuten
Material: Spielplan-, Figuren- und Würfelvorlage farbig kopiert, Pappe, Korken, Messer, kleine Belohnung

Brot

▶ **Liebes Tagebuch**
Geschichte: Nacherzählung der Geschichte von der Speisung der 5.000
(Johannes 6,1-15)

Liebes Tagebuch,
was für ein Abenteuer! Ich bin wieder mit Jonathan und Benjamin, meinen besten Freunden, diesem Jesus nachgerannt. Wir wollten sehen, was heute passiert, nachdem Jesus gestern ein paar Kranke gesund gemacht hat. Bis zum Seeufer sind wir mitgelaufen. Zuerst hat Jesus Geschichten erzählt von Gottes neuem Reich und so. Dann hat er seine Freunde zu sich gewunken und angefangen, mit denen zu flüstern. Weil wir unbedingt hören wollten, was sie sagen, sind wir hin geschlichen und haben gelauscht. Jesus hat den einen Freund gefragt, wo sie Verpflegung für die vielen Menschen kaufen sollen. Und der Freund hat überlegt und gesagt, sie hätten nicht genug Geld, um für alle was zu kaufen. Klar, bei den vielen Menschen! Das waren mindestens fünftausend hungrige Männer und dazu Frauen und Kinder und ich und meine Freunde Jonathan und Benjamin.

Obwohl, wir hatten uns etwas zu essen mitgebracht. Jonathan hatte zwei Fische von seinem Vater bekommen, der ist nämlich Fischer, und ich hatte von Mama fünf Brote mitgenommen. Wir haben uns angeschaut und dann hat mir Jonathan die Fische gegeben und ich habe die Brote aus meinem Beutel geholt und bin zu einem Freund von Jesus gegangen. »Hier«, habe ich gesagt, »meine Freunde und ich wollen teilen.« Der hat mich gleich mit zu Jesus genommen.

Und dann ist es passiert! Jesus hat meine Brote und Jonathans Fische genommen, Gott gedankt und an die Leute verteilt. Ich konnte meinen Augen kaum trauen. Es hat gereicht! Unser Mittagessen hat für all die Leute gereicht! Sogar Benjamin ist satt geworden – und der isst für drei! Wie durch ein Wunder ist immer mehr aus meinen Broten und den Fischen geworden. Hinterher waren sogar noch Reste übrig! Ich, Jonathan und Benjamin waren echt froh, dass wir geteilt hatten. Na ja, wenn ich ehrlich bin, wollten wir uns zuerst hinsetzen und die Brote und den Fisch alleine essen. Wir hatten nämlich echt Hunger. Und erst, als Benjamin ins Brot beißen wollte, haben wir daran gedacht zu teilen. Aber das braucht ja keiner zu wissen!
Dein Simon

Leonard Blomberg

Die Kinder hören, dass Jesus aus dem geteilten Wenigen viel machen kann.

▶ **Sich selbst teilen**
Ablauf: Jedes Kind denkt sich eine Leistung aus, die es für einen anderen tun kann: Einkaufen gehen, einen Blumenstrauß pflücken, ein Lied singen, aus einem Buch vorlesen, ein Bild malen, einen Kuchen backen.

Bei einer Gelegenheit, bei der viele mögliche Interessenten an einem solchen Angebot zugegen sind (bei einem Geburtstag, nach einem Gottesdienst, bei einem Schulfest), bieten sich die Kinder mit ihrer Leistung an und lassen sich in einer Auktion ersteigern. Das geht so: Einer macht den Anfang und stellt sich vorne hin. »Ich bin die Stefanie – und wer mich ersteigert, dem singe ich ein Lied vor!« Die Erwachsenen bieten nun Geld, und wer das meiste bietet, hat Stefanie ersteigert und bekommt das Lied vorgesungen. Nach und nach lassen sich alle Kinder ersteigern.

Es ist sinnvoll, eine solche Aktion vorher bekannt zu machen und mit einem konkreten Ziel zu verknüpfen: Heute soll Geld für eine Organisation, ein Projekt oder einen anderen Anlass gesammelt werden ...

Mit der beschriebenen Aktion wird Geld gesammelt. Kinder entdecken, dass sie selbst etwas für andere tun können.
Alter der Kinder: 5-12 Jahre
Anzahl: beliebig
Zeitrahmen: 10-30 Minuten
Material: evtl. Gutscheine für die angebotene Leistung

Brot

▶ **Was du tun kannst**
Mit den nachfolgend beschriebenen Aktionen wird Geld gesammelt. Kinder entdecken, dass sie selbst etwas für andere tun können.

▶ **Grabbelsack**
Ablauf: In der Weihnachtszeit oder anlässlich eines Festes/einer Feier kann der Grabbelsack zum Zuge kommen. Gemeinsam mit den Kindern werden Geschenke organisiert (Sachspenden/Werbeartikel etc.) und zu kleinen Geschenkpäckchen verpackt. Die Geschenke werden in einem großen Beutel verstaut. Gegen eine Gebühr kann jeder in den Sack greifen und sich ein Geschenk ziehen. Der Erlös wird einem Projekt gespendet.

Ein Geschenksack wird vorbereitet.
Alter der Kinder: 5-12 Jahre
Anzahl: beliebig
Zeitrahmen: 2 Stunden
Material: evtl. Beutel oder Sack, Geschenke, Geschenkpapier

▶ **Kirchen-, Schul-, Nachbarschaftsfrühstück**
Ablauf: Mit Unterstützung der Eltern, Mitarbeiter oder Lehrer bereiten die Kinder ein Frühstück vor. Zunächst werden Einladungen für das Frühstück erstellt. Zum entsprechenden Termin wird ein Raum gestaltet und ein Frühstücksbüffet erstellt. Jedes Kind kann nach seinen Möglichkeiten dazu beitragen. Im Rahmen des Frühstücks wird auf ein Projekt hingewiesen oder eine Organisation vorgestellt. Es kann ein Eintritt erhoben oder gesammelt werden. 
Die Kinder erleben, dass sie Möglichkeiten haben, anderen zu helfen.

Kinder bereiten ein Frühstück vor.
Alter der Kinder: 5-12 Jahre
Anzahl: beliebig
Zeitrahmen: 2 Stunden
Material: siehe Ablauf

▶ **Norah – ein Mädchen aus Kobosa/Uganda**
Kurzbeschreibung: Erzählung aus der Lebenswirklichkeit eines Mädchens in der Dritten Welt
Geschichte: Es ist sechs Uhr morgens und noch dunkel in Kobosa, Uganda. Norah und ihre Geschwister erheben sich von ihren Schlafmatten. Sie schlafen alle drei zusammen mit ihrer Mutter in diesem kleinen Raum auf der Erde. Zuerst ist eine kurze Morgen-wäsche angesagt, falls noch von gestern Wasser im Kanister übrig geblieben ist. Dann zieht Norah ihre »Schuluniform« an, das türkisfarbene Kleid, die grauen Söckchen und die schwarzen Lederschuhe. Viele Familien können die Schuluniform nicht bezahlen und die Kinder können deshalb nicht in die Schule gehen. Zum Frühstück gibt es »Posho«, das ist Maisgrieß, den die Mutter im Küchenhaus auf dem Feuer zubereitet hat. Schnell werden noch ein paar Passionsfrüchte ausgepresst, der Saft wird in die vorbereiteten Flaschen gefüllt, und ab geht's auf den drei Kilometer langen Schulweg.

Die Schultasche – ein Plastikbeutel mit vier Heften, einem Bleistift und der Saftflasche – ist nicht schwer zu tragen. Norah beeilt sich, in den Klassenraum zu kommen, damit sie noch einen Platz an einem der Tische bekommt. Immer auf der Erde zu kauern – das Heft auf den Knien - ist nicht so toll. Ob sie heute wieder so viel schreiben muss? Die Lehrerin hat erzählt, dass in anderen Ländern Bücher, Arbeitshefte, Buntstifte und Füller etwas ganz Normales sind! Aber in Norahs Schule kennen die Kinder nur Schulhefte und Bleistifte.

Brot

Heute fehlen viele Klassenkameradinnen und Freunde. An jedem Mittwoch ist Markttag im Nachbarort, und viele Kinder müssen ihren Müttern beim Verkauf von Kochbananen, Ananas und Passionsfrüchten helfen, um Geld zu verdienen. Um halb zwei macht Norah sich wieder auf den Heimweg. Nach dem Mittagessen, es gibt Kochbananen, muss Norah wieder mit ihrer Schwester Afamba Wasser holen. Die Wasserstelle ist eine halbe Stunde Fußweg entfernt. Diese Arbeit liebt Norah überhaupt nicht, weil der große Wasserkanister auf ihrem Kopf immer sehr schwer ist. Anschließend muss sie noch Holz sammeln, das die Mutter zum Kochen braucht. Sie freut sich schon auf die Geschichte, die Großmutter ihr erzählen will, bevor sich alle wieder auf die Schlafmatte legen.

Beate Reuker

Die Kinder hören von anderen Menschen und deren Lebensverhältnissen. Das kann nachdenklich machen.

AUSKLANG

Kinder zum Teilen animieren meint, ihnen deutlich zu machen, dass Teilen nicht ärmer macht.

Im Nachgang zur Geschichte »Liebes Tagebuch« wird den Kindern der Ausspruch »Ich bin das Brot des Lebens« nahe gebracht.

▶ Jesus ist das Brot des Lebens
Text (nach Johannes 6,22-48)

Nachdem Jesus die vielen Menschen satt gemacht hat, kommen etliche zu ihm und sagen: »Bleibe hier in der Nähe! Wenn du solche Wunder mit Brot und Fisch vollbringen kannst, brauchen wir nie wieder Hunger zu haben!« Jesus antwortet: »Denkt doch nicht immer nur an das, was ihr zum täglichen Leben braucht!« Man kann nämlich auch Hunger auf Dinge haben, die nicht zum Essen sind.

»Denkt daran«, sagt Jesus weiter, »dass ihr nicht nur etwas für euren leiblichen Hunger braucht, sondern auch für euren Hunger nach einem Leben, das Gott gefällt!«

Nun sind die Menschen ratlos! Was meint Jesus?« Sie fragen sich: »Gibt es ein Brot, das den Hunger nach einem solchen Leben stillt?« Jesus sagt: »Ich bin das Brot des Lebens. Wer an mich glaubt, der braucht keinen Hunger mehr zu haben.«

Tischgebet, das auf kindliche Art den Moment des Teilens berücksichtigt
Alter der Kinder: 5-12 Jahre
Anzahl: beliebig
Zeitrahmen: 5 Minuten
Material: kein Material erforderlich

▶ Tischgebet
Ablauf: Kann mit den Kindern zum Abschluss einer Gestaltungseinheit eingeübt und gemeinsam gesprochen werden.

> Quark ess ich für mein Leben gern,
> auch Pommes, Eis und Kuchen.
> Doch gibt`s auch Kinder, nah und fern,
> die was zu essen suchen.
>
> Ihr Teller, der ist meistens leer,
> sie haben Hunger und sind krank.
> Drum gebe ich von meinem her
> und sag für alles Dank!
>
> *Georg Schwikart*

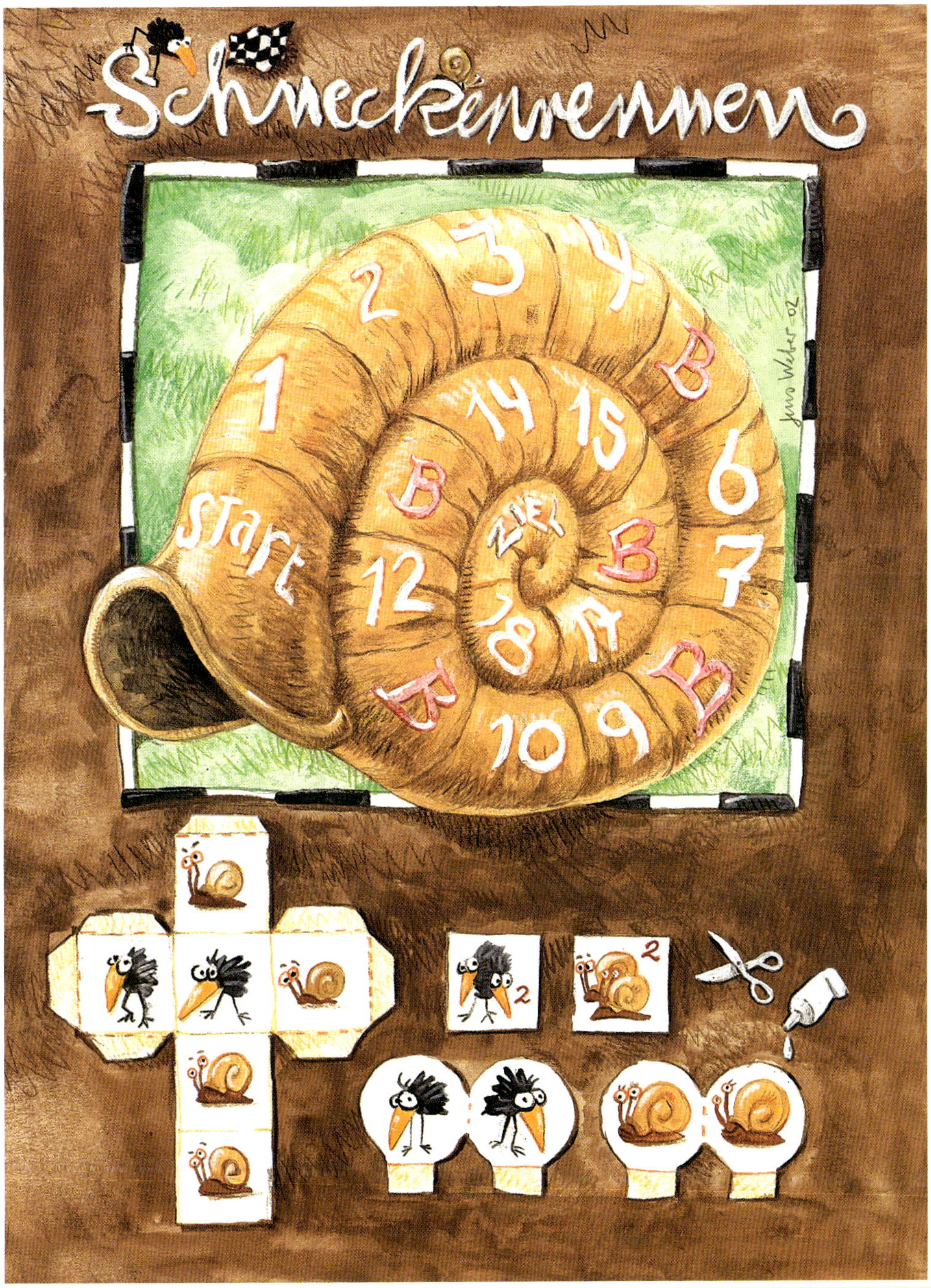

Brot

Passion

Auf schwierigem Weg bestärken

Passion

Passion ist ein bewegendes Wort. Übersetzen Sie doch mal aus dem Englischen: »passion«. Es bedeutet: Leidenschaft oder leidenschaftliche Hingabe. Es sind die Momente der leidenschaftlichen Hingabe an jemanden oder etwas, die zur Lebensqualität beitragen. Leidenschaftlich zu sein meint, mit Herz und Seele, Körper und Geist beteiligt zu sein. Überlegen Sie für einen Moment, wann Sie Passion in diesem Sinne erleben.

Der Begriff Passion lässt sich im Zusammenhang mit dem biblisch geschilderten Geschehen analog entfalten. Passion steht für die Hingabe Jesu in einem Geschehen, das ihm Leiden schafft. Die Stationen des Passionsweges zeichnen diese Passion nach. Die Geschehnisse um den Einzug in Jerusalem, die Salbung in Bethanien, das letzte Abendmahl, die Gefangennahme im Garten Gethsemane, die Verurteilung und die Kreuzigung am Holz zeichnen Jesus als einen, der sich gänzlich hingibt und schließlich im österlichen Auferweckungsgeschehen zur Hoffnung für alle Menschen wird.

Die biblische Passion ist keine schöne Erzählung. Kreuzigung und Tod werfen als leidvolle Perspektive Schatten über die Berichte von Begegnungen auf dem Weg. Angst, Einsamkeit und Verzweiflung prägen den Weg hin zum Kreuz. Auf diesem Weg zeigt Jesus ein sehr menschliches Gesicht. Das Verzweifeln an der unausweichlichen

Biblische Texte
Markus 11,1-11
Markus 14,3-9
Markus 14,12-26
Markus 14,32-52
Markus 15,1-15
Markus 15,20-47

Passion

Perspektive, das Erleben von belastender Einsamkeit, das Leiden am Kreuz, all dies schafft eine Verbindung zu jedem von uns, der diese Erfahrungen in seiner je eigenen Form durchlebt und erleidet. Jesus zeigt auch da ein menschliches Gesicht, wo ihm die Zuwendung der Salbung gut tut und ihm die Gemeinschaft mit seinen Freunden Kraft verleiht.

Die Menschwerdung Gottes in Jesus Christus berührt in keinem anderen Moment so intensiv menschliches Leben wie in der Passionserzählung. Menschen finden sich wieder im Erleben Jesu. Sie kennen die Gefühle von Angst, Einsamkeit und Verzweiflung auf dem schweren Weg zum und mit dem eigenen Kreuz. Und sie erleben Begegnungen mit Menschen als wohltuend und bestärkend, wenn diese einen Teil des Leidensweges mitgehen. Genauso kennen sie Enttäuschungen, wenn Menschen ihnen diese Begleitung verweigern.

Auf dem Weg erlebten Leidens kann es gut tun zu wissen, dass der Mensch gewordene Gott in Jesus Christus selber einen Weg des Leidens gegangen ist. Das tröstende Empfinden einer brüderlichen/schwesterlichen Verbundenheit mit dem leidenden Jesus hat dabei ebenso einen Platz wie der verzweifelte Schrei: »Mein Gott, warum hast du mich verlassen?«. Mit dem Wissen um das österliche Geschehen findet auch die Hoffnung ihren Platz im Leid. Diese Hoffnung bekommt ihren Grund und ihre Glaubwürdigkeit im tröstenden Zuspruch Gottes: »Ich bin bei dir.« Besonders die Kinder brauchen Begleiter auf ihrem Weg, die es verstehen, diese Zusage Gottes in wohltuendes und unterstützendes Handeln umzusetzen.

DIE SITUATION DER KINDER

Auch für Kinder ist die Geschichte von Jesu Weg ans Kreuz keine erbauliche. Sie kennen das traurige Ende der Geschichte und wollen es deshalb gar nicht hören. Nicht selten erleidet die Vorstellung, die Kinder von der Person Jesus aufgebaut haben, einen herben Einbruch: Der Wundermann und Krankenheiler, der vollmächtig von Gottes Reich gesprochen hat, geht von Angst und Einsamkeit begleitet seinen Leidensweg bis zum Tod am Kreuz. Kinder hoffen, dass Jesus sich befreit, vom Kreuz herabsteigt und es denen zeigt, die ihm dieses Leid zufügen.

Welches Bild von Jesus bringen die Kinder mit, mit denen Sie es zu tun haben?

Aber es gibt auch die Kinder, die in Jesus ein Gegenüber finden, wenn es um den Umgang mit Angst, Einsamkeit und Leid geht. Kinder kennen diese Gefühle in ihrem eigenen Leben. Sie kennen nur zu gut die Angst vor anstehenden leidvollen Ereignissen, denen sie nicht entkommen können. Sie wissen, wie man sich fühlt, wenn Freunde einen im Stich lassen. Sie erleben aber auch, dass Begleitung und Zuwendung von Familie und Freunden wohltuend und stärkend ist.

Gelingt es Ihnen, Jesus als einen zu schildern, der die Tiefen der Angst, des Leids und der Einsamkeit erlebt hat?

Kinder brauchen bei dieser Thematik vermittelnde Begleitung. Die tröstende und stärkende Begleitung beim Umgang mit Leid und Angst und die Begleitung beim Entdecken der biblischen Passionsgeschichte muss über den Rahmen einer momentanen thematischen Gestaltung hinaus eingebracht und eingelöst werden. Die Begleitenden sind herausgefordert, zu den Menschen am Weg zu werden, die im übertragenen Sinne mit wohlriechender und kühlender Salbe und als stärkende Mahlgemeinschaft diese Begleitung eintragen. Dies geschieht in dem Wissen, dass hinter der eigenen Begleitung die Zusage Gottes steht, über menschliches Vermögen hinaus Begleiter zu sein.

Welche Möglichkeiten haben Sie, Kindern diese wohltuende und stärkende Begleitung anzubieten?

Biblischer Zuspruch
Petrus verspricht Jesus: »Auch wenn ich mit dir sterben müsste, werde ich dich nicht verleugnen!«
(Markus 14,31)

Die Passionsgeschichte verunsichert die Vorstellungen, die Kinder von Jesus haben.

Die Passionsgeschichte macht Kindern deutlich, dass Jesus ihre Ängste und Nöte kennt.

Die Kinder brauchen Begleiter, die ihnen beim Umgang mit der Geschichte und mit dem eigenen Leid zur Seite stehen.

Passion

Die Kinder tragen und helfen sich über Hindernisse.
Alter der Kinder: 5-12 Jahre
Anzahl: beliebig
Zeitrahmen: 10 Minuten
Material: Hindernisparcours

SENSIBILISIERUNG
Kinder sollen erleben: Es ist gut, wenn ich begleitet bin. Es ist gut, wenn mir geholfen wird.

▶ **Tragen über Hindernisse**
Ablauf: Im Raum wird ein Hindernisparcours aufgebaut. Die Kinder bilden kleine Gruppen. An jedem Hindernis muss ein anderes Mitglied der Gruppe über das Hindernis getragen werden. Dabei gehen die Kinder behutsam zu Werke und werden ggf. unterstützt.
Die Kinder erleben konkrete Hilfe und Begleitung. Sie merken: Ich kann mich tragen lassen.

BEWUSSTWERDUNG
Die Kinder erleben: Jesus ist selber einen Weg des Leids und der Angst gegangen.

Die Passionsgeschichte wird in den Bildern lebendig.
Alter der Kinder: 6-12 Jahre
Anzahl: beliebig
Zeitrahmen: 8 Minuten
Material: Posterbild als Farbkopie

▶ **Bildbetrachtung**
Ablauf: Die Kinder betrachten das Posterbild. Sie entdecken die einzelnen Stationen und tauschen dazu aus.

Kinder malen und gestalten die Stationen der Passion.
Alter der Kinder: 6-12 Jahre
Anzahl: beliebig
Zeitrahmen: 30 Minuten
Material: je nach Gestaltung der einzelnen Stationen

▶ **Passion gestalten**
Ablauf: Die Kinder malen und gestalten die Stationen des Kreuzwegs Jesu. Dazu können spielerische, besinnliche und aktive Elemente aus dem Gestaltungsbaustein »Die Geschichte der Salome« mit den entsprechenden Spielen und Aktionen in der Übertragung Verwendung finden. Die Bilder werden dann an verschiedenen Stellen im Raum oder im Garten aufgehängt. Gemeinsam besuchen die Kinder die Stationen und erleben den Kreuzweg. Sie lesen die Geschichte und setzen diese in Aktionen um. Es ist notwendig, die Passionsgeschichte mit einem Hinweis auf das österliche Geschehen enden zu lassen.

Variation Bilderweg Passion
Die Kinder betrachten an den Stationen nur das Bild und hören die Geschichte.

Erzählung der verschiedenen Stationen des Kreuzweges aus der Position einer Beobachterin
Alter der Kinder: 6-12 Jahre
Anzahl: beliebig
Zeitrahmen: 10 Minuten
Material: kein Material erforderlich

▶ **Die Geschichte der Salome**
Ablauf: Die meisten Geschichten finden ihre direkte Verknüpfung und Umsetzung mit den Gestaltungselementen der Übertragung / des Ausklangs. Deshalb sind die entsprechenden Elemente am Ende der kurzen Texte benannt. Idealerweise werden erzähltes Element und aktives Element direkt verknüpft.

Einführung
Guten Tag! Mein Name ist Salome. Ich bin eine der Frauen, die Jesus begegnet sind, aber das ist nicht so wichtig. Ich stehe nämlich nicht gerne im Vordergrund. Am liebsten halte ich mich zurück und schaue. Ich beobachte, was geschieht. Ich war dabei, als Jesus nach Jerusalem gekommen ist. Vor ein paar Wochen war das, gerade als wir anfingen, das Passahfest vorzubereiten. Von dem, was ich gesehen habe, erzähle ich dir.

Passion

Salome sieht Jesus und das Volk

»Gepriesen sei Gott!« und »Heil der neuen Herrschaft!«, hörte ich sie rufen. Ihre Kleider legten sie auf den Weg und sie winkten mit Zweigen. So hieß das Volk in Jerusalem Jesus willkommen. Sie riefen einander zu: »Das ist der neue Herrscher, der von Gott versprochene Messias!« und »Hast du gehört, welche Wunder er getan hat?« Das Volk freute sich, dass Jesus nach Jerusalem kommt.

(Wie ein König)

Salome sieht Jesus und die Frau

Simon, der Aussätzige, hatte sich gefreut, als Jesus zu Besuch war. Gemeinsam hatten wir, Simon, Jesus und seine Freunde, beim Essen gesessen, als die Tür aufging und eine Frau den Raum betrat. Sie ging zu Jesus und träufelte kostbares, wohlriechendes Öl auf seinen Kopf. Jesus freute sich darüber, dass die Frau ihm Gutes tat.

(Tut-gut-Spiel)

Salome sieht Jesus und seine Freunde

Um einen Tisch saßen sie zusammen, Jesus und seine Freunde. Sie feierten gemeinsam das Passahfest, das an den Auszug des Volkes Israel aus Ägypten erinnert. Doch etwas störte diese Gemeinschaft. Während der Mahlzeit nahm Jesus Brot, brach es in Stücke und gab es seinen Jüngern. Dann reichte er ihnen den Wein. Dazu sagte er: »Das Brot und der Wein sind wie mein Leib und mein Blut. Ich muss sterben, damit alle Menschen leben können. Und einer von euch wird mich verraten.«

Salome sieht Jesus und die drei Freunde

Wir gingen in derselben Nacht zum Ölberg. An einer einsamen Stelle sagte Jesus: »Ich will mich vorbereiten auf das, was geschehen wird. Bleibt hier, während ich bete!« Nur drei seiner Freunde nahm Jesus mit. Mit seiner Angst vor der Verurteilung und dem Tod am Kreuz wollte Jesus nicht alleine bleiben. Doch seine Freunde schliefen immer wieder ein, während er betete. Dann kam Judas mit den Soldaten. Sie nahmen Jesus gefangen.

(Wenn Freunde mich enttäuschen)

Salome sieht Jesus und das Volk

Da standen sie, Barabbas, der Mörder und Jesus, der Sohn Gottes. Pilatus, der Landesverwalter, ließ das Volk entscheiden, wer von den beiden zum Tode verurteilt und wer begnadigt werden sollte. So ist es Brauch am Passahfest. Ich habe gehört, wie die oberen Priester das Volk gegen Jesus aufhetzten. Neben mir fingen sie an zu schreien! Das Volk schrie: »Lass Barabbas frei und kreuzige Jesus!«

(Alle gegen einen)

Salome sieht Jesus und die beiden Frauen

Ich habe gesehen, dass Jesus am Kreuz gestorben ist. Traurig sind Maria aus Magdala und Maria, die Mutter von Jakobus, dem Mann gefolgt, der Jesus in die Grabeshöhle gelegt hat. Ich musste noch einmal an die Kreuzigung zurückdenken. Der römische Hauptmann, der miterlebt hatte, wie Jesus stirbt, hatte gesagt: »Dieser Mann war wirklich Gottes Sohn!« Die Frauen kamen später zu mir. Wir wollten am Morgen nach dem Sabbat noch einmal zum Grab gehen.

(Wenn ich traurig bin)

Passion

ÜBERTRAGUNG
Die Kinder erleben: Es geht Jesus so wie mir und anderen Menschen.

▶ **Wie ein König (Einzug nach Jerusalem)**
Ablauf: Die Kinder spielen den Einzug in Jerusalem nach.

Bist du schon mal ein König gewesen? Heute darfst du es sein. Du brauchst goldfarbene Pappe, eine Schere und Kleber. Schneide dir eine Krone aus und setze sie dir auf. Spiel mit den anderen im Kindergottesdienst oder mit deinen Freunden die Szene in Jerusalem nach. Du wirst hereingetragen und alle jubeln dir zu. Wie fühlst du dich?

Die Kinder erleben, wie es ist, wenn einem alle zujubeln.
Alter der Kinder: 5-12 Jahre
Anzahl: beliebig
Zeitrahmen: 10 Minuten
Material: gelbe Pappe, Scheren, Kleber

▶ **Tut-gut-Spiel (Salbung)**
Ablauf: Die Kinder stellen sich vor, eines von ihnen ist ein Auto, das ziemlich schmutzig geworden ist. Was tun? Klar, ab in die Autowaschanlage. Die Kinder bilden zwei gegenüberliegende Reihen und hocken sich hin. Das Auto fährt in die Anlage hinein. Zuerst muss es mit Wasser besprizt werden. Dazu klimpern die Kinder mit spitzen Fingern auf dem Auto herum. Das fühlt sich gut an! Dann wird es geschrubbt und gebürstet. Mit den Händen rubbeln und kneten die Kinder das Auto. Das tut gut. Dann muss es getrocknet werden. Wie geht das? Die Kinder denken sich dazu etwas aus. Wenn jeder einmal Auto gewesen ist, ist das Spiel aus.

Die Kinder erleben wohltuende Gemeinschaft.
Alter der Kinder: 4-12 Jahre
Anzahl: beliebig
Zeitrahmen: 10 Minuten
Material: kein Material erforderlich

▶ **Wenn Freunde mich enttäuschen (Gethsemane)**
Ablauf: Die Kinder sitzen im Kreis und hören den Bericht von Stefan. Im Anschluss berichten sie von eigenen Erlebnissen.

Einmal wollte ich mit Gerrit, das ist mein bester Freund, ins Freibad gehen. Wir hatten gesagt, dass wir uns um drei Uhr nachmittags an der Ecke beim Kiosk treffen wollten. Ich bin hingefahren und habe auf Gerrit gewartet. Der ist aber nicht gekommen. Dabei war so tolles Wetter! Ich war ganz traurig. Später haben wir uns wieder vertragen.
Stefan (9 Jahre)

Die Kinder hören, wie es ist, wenn einer im Stich gelassen wird.
Alter der Kinder: 6-12 Jahre
Anzahl: beliebig
Zeitrahmen: 5 Minuten
Material: kein Material erforderlich

▶ **Alle gegen einen (Barabbas oder Jesus)**
Ablauf: Die Kinder erzählen von eigenen Erlebnissen.

Kennst du das? Wenn alle dich auslachen und du ganz alleine dastehst? Hast du deine Königskrone noch? Dann setz sie noch einmal auf. Erinnerst du dich, wie es war, als du der König gewesen bist? Erzähl deinen Freunden oder im Kindergottesdienst eine Geschichte, in der du von anderen ausgelacht worden bist. Wie hast du dich dabei gefühlt?

Die Kinder berichten, wie es ist, wenn alle gegen einen sind.
Alter der Kinder: 6-12 Jahre
Anzahl: beliebig
Zeitrahmen: 10 Minuten
Material: kein Material erforderlich

▶ **Wenn ich traurig bin (Kreuzigung)**
Ablauf: Der Text wird gelesen. Dies geschieht in einer ruhigen und gemeinschaftlichen Stimmung.

*Wenn einem Freund etwas Schlimmes geschieht,
wenn er sich das Bein bricht,
wenn seine Mutter stirbt,
wenn er sitzen bleibt,*

*Wenn mir etwas Schlimmes geschieht,
wenn ich von der Schaukel falle,
wenn mein Opa ins Krankenhaus muss,
wenn mein Vater in ein Hotel zieht,
wenn ich die Masern habe,*

Besinnlicher Text zum Umgang mit der Traurigkeit
Alter der Kinder: 5-12 Jahre
Anzahl: beliebig
Zeitrahmen: 5 Minuten
Material: kein Material erforderlich

Passion

dann bin ich auch traurig.
Weil er mein Freund ist.

dann ist mein Freund auch traurig.
Weil er mein Freund ist.

Es ist gut, wenn man nicht alleine ist.
Es ist gut, wenn man weiß, dass die Traurigkeit vorbeigeht.

▶ Paul weint
Geschichte zum Umgang mit der Traurigkeit

»Paul«, sagt Mama. »Ich muss dir was Schlimmes sagen!« – »Lass mich in Ruhe!«, schreit Paul und knallt die Tür. Dann kriecht er in seine Höhle hinter dem Bett und hält sich die Ohren zu. Er will es gar nicht hören. Die Höhle hat er vor ein paar Wochen noch mit Opa gebaut. Die bunte Wolldecke aus der Garage ist das Dach. Die Holzlatten, auf denen sie liegt, hat Opa im Keller gefunden, und die Kartonstücke, die jetzt Wände sind, kommen von dem Karton, in dem Omas neue Waschmaschine geliefert worden ist. Paul hat die Wände bunt bemalt. In der Kiste unter dem Kissen sind keine Kekse mehr. Paul starrt an die Decke und nimmt die Finger aus den Ohren. Opa konnte schon lange nicht mehr gut hören. Paul musste immer schreien, wenn Opa das Hörgerät nicht im Ohr hatte. Paul kann nicht liegen bleiben. Er kriecht wieder aus seiner Höhle und setzt sich auf das Bett. Vor zehn Tagen war Opa ins Krankenhaus gekommen. Der Rettungswagen hatte sogar Blaulicht angemacht und das Signalhorn war so laut gewesen, dass Paul es noch Stunden später im Ohr gehört hat. Paul springt vom Bett und tritt vor die Kartonwand seiner Höhle. Die Wand knickt um und die Latten klappern auf den Boden. Noch mal tritt Paul davor und noch mal. Die Latte, die vor die Wand kracht, reißt ein Stück Tapete mit ab. Der Riss sieht hässlich aus. Paul tritt noch eine Latte vor die Wand. Mama hatte gesagt, dass Opas schlimme Krankheit Schlaganfall heißt. Dabei hatte niemand Opa geschlagen. Das ist, wenn nicht genug Blut in den Kopf kommt und deshalb das Gehirn nicht mehr arbeiten kann, hatte Mama erklärt. Oma hatte viel geweint und alle waren zu Opa ins Krankenhaus gefahren. Sogar Onkel Frank war gekommen, und der kam sonst noch nicht mal zu Opas Geburtstag. Paul reißt die bunte Decke hoch und schmeißt sie auf das Bett. Dann springt er hinterher und schlägt auf die Decke ein. In der Nacht hatte Paul das Telefon gehört. Mama hatte gesagt: »Nun ist es also so weit.« und »Gut, wir kommen sofort!« Dann waren sie und Papa ins Auto gestiegen und losgefahren. Papa hatte sogar noch Hausschuhe angehabt. Paul kriecht unter die Decke und zieht sie über den Kopf. Mama setzt sich auf die Kante vom Bett. Paul hatte gar nicht gemerkt, dass sie ins Zimmer gekommen war. Sie schiebt ihre Hand unter die Decke, tastet nach Pauls Hand und streichelt sie. Paul weint.

Leonard Blomberg

AUSKLANG
Die Kinder erleben: Mit dem Ende ist nicht alles aus.

▶ Wenn es hell wird

Ablauf: Die Kinder sitzen im Kreis zusammen. Die Fenster sind verdunkelt, die Tür ist geschlossen. Es ist dunkel im Raum. Der Text wird gelesen. Zwischen dem ersten und zweiten Textelement wird die Kerze angezündet.

Auf einmal ist es dunkel geworden. Jesus stirbt am Kreuz. Seine Freunde sind traurig. Sie weinen. Sie wissen nicht, wie es nun weitergehen soll. Sie haben keine Hoffnung mehr. Nun sind sie ganz alleine.

Anzünden der Kerze

Jesus hat gesagt: Ich bleibe nicht im Grab. Nach drei Tagen wird mein himmlischer Vater mich auferwecken. Ich werde wieder zu euch kommen. Habt keine Angst und seid nicht traurig!

Ostern

Ich bin die Auferstehung

Ostern/Auferstehung

Lassen Sie sich auf ein kleines Spiel ein: Nehmen Sie sich ein Blatt Papier, einen Stift und eine Uhr mit Sekundenzeiger. Nun haben Sie eine Minute lang Zeit, um zehn Begriffe zu notieren, die Ihnen sofort zum Schlüsselwort Ostern einfallen.
Ich bin mir fast sicher, dass sich Begriffe wie »Osterei«, »Osterlamm«, »Osterbrot«, »Osterspaziergang« oder »Osterhase« bei Ihren Assoziationen wiederfinden ließen. Schließlich ist das Osterfest neben dem Weihnachtsfest das christliche Fest, das am meisten mit Brauchtum und Symbolbedeutung durchsetzt ist.

Die zentralen christlichen Feste, etwa Ostern oder stärker noch Weihnachten, werden von den Menschen der Gegenwart als Lebensbereiche wahrgenommen, in denen religiöse Momente als sinnvoll erfahren werden können. Im Osterfest werden zentrale Aspekte des Lebens angesprochen: Sterben und Auferweckung Jesu Christi, des Gottessohnes, Befreiung, Aufbruch und Neubeginn in eine veränderte Wirklichkeit hinein.

Haben Sie schon einmal bei einem Spaziergang am Ostermorgen die Sonne aus der Morgenröte aufsteigen sehen? Auch wenn die Herkunft des Wortes Ostern umstritten ist, sind Sie mit diesem Geschehen ganz nah am Bedeutungsgehalt des Wortes: Ostern = ostarum = Morgenröte. Die Bedeutung beruht aber auf einem Übersetzungsfehler. Die traditionelle lateinische Bezeichnung für die Osterwoche war: »Woche in weißen Kleidern«, da die zu Ostern getauften Christen in ihren weißen Kleidern an den Frühgottesdiensten teilnahmen. Aus dem lateinischen »albae« (weiß) wurde nun das germanische »austro«. Im Plural wird daraus »ostarum« (Morgenröte).

Der Ursprung des Osterfestes ist das heidnische Frühlingsfest, welches im Osterfest aufgegriffen und christologisch überboten wird. Die heidnische Symbolik der steigenden Sonne wird zum Symbol der noch mächtigeren Wirklichkeit der Auferweckung Christi durch seinen himmlischen Vater, die die »Schande des Kreuzes« und damit den Tod überwindet und Heil und Gerechtigkeit für alle Menschen hervorbringt. Damit wird das Osterfest zu einem Zeichen für den Beginn der neuen Schöpfung.

Das Ostergeschehen fordert den Glaubenden heraus. Wie kein anderes Thema des christlichen Glaubens muss das österliche Geschehen der Auferstehung von der ganzen Existenz als Glaubensinhalt begriffen und vermittelt werden. Tatsächlich wird in den nicht-christlichen Deutungen der Person Christi die Auferstehung als Bestätigung seiner Angenommenheit durch Gott und damit seiner gesamten Verkündigung abgelehnt.

Biblische Texte
Markus 16,1-8
Psalm 118 i.A.

Ostern

Für den christlichen Glauben aber liegt in diesem Osterbekenntnis der Grund aller Hoffnung und die Ausgangsbasis für alle weiteren christologischen Aussagen. Eine solche Basis kann natürlich nicht nur verbal übermittelt, sondern muss mit Leib und Seele, mit Herz und Bauch, ja durch ein ganzes (Vor-)Leben gelebt werden.

Biblischer Zuspruch
Der Herr ist auferstanden. Er ist wahrhaftig auferstanden.

DIE SITUATION DER KINDER

Kinder erleben das Osterfest zunächst in der Gestalt von Osterbräuchen und Osterriten. Das Suchen von Osterüberraschungen, das Schmücken vonOstersträuchen oder das Backen von Osterlämmern oder Osterbroten hat für Kinder zunächst Erlebnischarakter, ohne tatsächlich christliche Inhalte zu transportieren. Die oftmals eigenständige Sinngebung des Brauchtums macht es nicht leicht, darüber den besonderen christlichen Inhalt des Osterfestes zu transportieren. In der Arbeit mit den Kindern sind ihre Lebensbegleiter wie Eltern, Lehrer oder Mitarbeiter herausgefordert, Brücken vom Brauchtum zur christlichen Bedeutung zu schlagen.

Oft gelingt die Bedeutungsübertragung einfacher mit Hilfe alternativer Symbole oder Geschehnisse. Das Frühlingsgeschehen mit dem Erwachen des neuen Lebens in der Natur stellt sich als hilfreich dar. In ihrem direkten Umfeld erleben die Kinder, dass sich aus der anscheinend toten/winterlichen Natur neues Leben entfaltet. An diesem Erleben lassen sich anschauliche Übertragungen hin zum Ostergeschehen festmachen. Auch wenn sich damit das Wunder der Auferstehung noch nicht ganz begreifen lässt, so lässt es sich doch übertragen, lassen sich Erlebnisse und Inhalte aus der Lebenswelt der Kinder in Beziehung zum österlichen Geschehen setzen.

Das Motiv des Wandels begegnet Kindern in ihrem unmittelbaren Umfeld. Von Altem zu Neuem, von Trauer zu Freude, von Zweifel zu Gewissheit oder von Leid zu Glück sind die Wandlungen, die in der biblischen Erzählung zur Auferstehung (besonders im Johannesevangelium) anschaulich geschildert werden. Als Mittler dieses Wandels, der direkt vom österlichen Geschehen ausgelöst wird, treten Personen in Erscheinung, die Kindern nahe gebracht werden können: Maria, Petrus und Thomas. Anschaulich und persönlich tragen diese Menschen Wirkungen des Ostergeschehens in sich.

Das eigentliche Ostergeschehen ist nur aus dem Glauben heraus zu begreifen. Entscheidend für Kinder ist es zu erleben und zu sehen, wie ihre Begleiter glaubend das Ostergeschehen feiern und weitertragen. Dies stellt eine echte Herausforderung dar. Nur das, was tatsächlich geglaubt wird, kann auch glaubwürdig weitergesagt und gelebt werden.

Es ist nicht leicht, Kindern anhand des Osterhasens die christliche Bedeutung des Osterfestes zu entfalten.

Das Ostergeschehen will persönlich weiter getragen werden. Auch Kinder wollen wissen, was sie glauben können.

SENSIBILISIERUNG

Kinder können den Wandel von Starre zu Beweglichkeit, von Tod zu Leben in der Natur entdecken. Man muss sie manchmal nur darauf hinweisen.

▶ **Das Leben begrüßen**
Ablauf: Die Kinder kauern sich auf den Boden. Der Text wird gelesen. Dazu werden die Geräusche erzeugt. Dazu kann leise Musik gespielt werden.

Text und Handlungsanweisung
Legt euch alle wie eine kalte Blumenzwiebel zusammengerollt auf den Boden. Ihr seid noch ganz kalt und klein. Es ist eng und unbequem.
(Einer schlägt auf einem Bassxylophon oder einem großen Papierkorb dumpfe Wintertöne.)
Regen fällt auf die Erde und macht den Boden weich.

Bewegungsaktion im Zusammenspiel von Text, Geräusch und Bewegung zum Thema »Erwachen«
Alter der Kinder: ab 5 Jahre
Anzahl: beliebig
Zeitrahmen: ca. 8 Minuten
Material: den Handlungsanweisungen entsprechend

Ostern

(Einer spielt ein Glockenspiel oder lässt getrocknete Erbsen langsam in eine Glasschüssel regnen.)

Endlich scheint die Sonne. Die warmen Sonnenstrahlen wärmen euch.
(Einer schlägt die Triangel oder mit einem Löffel an ein Glas.)

Ihr spürt neues Leben in euch. Ihr wollt wachsen und groß werden und streckt euch langsam und vorsichtig nach oben. Ihr gähnt und stöhnt ein bisschen, so, als wenn ihr gerade aufwacht. Langsam werdet ihr immer größer. Ihr steht behutsam auf und streckt euch der Sonne entgegen.
(Einer schlägt die Triangel oder mit einem Löffel an ein Glas.)

Dann öffnen sich eure Blätter und Blüten. Ihr streckt die Arme aus und fangt an zu lächeln. Aus der kalten engen Blumenzwiebel tief unten in der Erde seid ihr zu schönen Blumen gewachsen.

In dem Rätsel findet sich das Motiv des Wandels wieder.
Alter der Kinder: ab 6 Jahre
Anzahl: beliebig
Zeitrahmen: 5 Minuten
Material: Folienvorlage (Kopie) oder kopierte Blätter

▶ **Frühlingsrätsel**

Ablauf: Gemeinsam wird das Rätsel gelöst. Dies geschieht mit nachfolgenden Anregungen.

Anregungen: *Kennst du die Blumen auf dem Bild? Wenn der Frühling kommt und die Natur wieder anfängt zu leben, wachsen zuerst diese Blumen ans Sonnenlicht. Welche Tiere kannst du entdecken? Sie haben ein Geheimnis! Sie verwandeln sich im Laufe ihres Tierlebens. Was gehört auf dem Bild zusammen?*

BEWUSSTWERDUNG

Das Ostergeschehen mag für Kinder zwar zunächst ein Geheimnis bleiben. Sie können das, was Ostern auslöst, aber an den Menschen sehen, die damals und heute mit dem österlichen Geschehen in Berührung geraten sind.

Die Figur Salome erzählt zum Bildausschnitt des Posters den letzten Teil der Geschichte.

▶ **Salome erzählt: Jesus ist auferstanden (Markus 16,1-8)**

Kennst du mich noch? Ich habe dir erzählt, wie Jesus am Kreuz gestorben ist. Mit den anderen beiden Frauen wollte ich am dritten Tag nach Jesu Tod zum Grab gehen. Früh am Morgen trafen wir uns und machten uns auf den Weg. Das war ein trauriger Spaziergang an diesem schönen Morgen! Die Sonne ging gerade auf, als wir das Grab erreichten und Maria, die Mutter von Jakobus, fragte: »Wie rollen wir bloß den schweren Stein vom Eingang weg?« Dann erschraken wir! Der Eingang zur Höhle war schon frei. Und in der Höhle

Ostern

saß ein Mann in einem weißen Gewand. Er sagte zu uns: »Jesus ist nicht hier. Gott hat ihn vom Tod auferweckt. Geht und sagt allen, dass Jesus auferstanden ist.« Zuerst konnten wir es gar nicht fassen. Doch dann verstanden wir: Jesus lebt! Ist das eine Freude!

▶ **Ich bin die Auferstehung**

Ablauf: Gemeinsam wird das Bild betrachtet. Dazu kann der folgende Text verwendet werden.

Schau dir noch einmal das Bild an. Was fällt dir auf? Zuerst siehst du eine Figur mit erhobenen Armen und Händen. Findest du die Figur bedrohlich? Eigentlich wirkt die Figur mit den erhobenen Armen und Händen freundlich und beruhigend. So, als würde sie sagen: Es ist gut, dass ich jetzt hier bin.

Die Figur stellt Jesus dar. Ich kann mir gut vorstellen, dass Jesus genau so am Ostermorgen auf die Frauen am Grab zugegangen ist. Die erhobenen Hände sagen: Erschreckt nicht! Ich lebe! Freut euch! Denn ich bin wieder bei euch.

Was siehst du noch? Da sind viele Lichtstrahlen auf dem Bild. Die Strahlen sammeln sich um die Figur, die Jesus darstellt. Sie machen deutlich: Jesus ist das Licht, das Gott in die Welt geschickt hat. Sie sagen: Die Geschichte von Gottes Sohn endet nicht mit dem traurigen Ereignis am Kreuz, sondern mit dem freudigen Geschehen der Auferstehung. Weil Jesus lebt, kann sich die ganze Welt freuen.

▶ **Joschua ist wieder froh**

Joschua ist traurig. Seit einigen Tagen ist es merkwürdig ruhig bei ihm zu Hause geworden. Mutter weint viel, und auch Vater ist ernst und spricht kaum ein Wort. Man hat Jesus, ihren Freund, vor drei Tagen getötet. Vater hat Joschua verboten, zum Spielen auf die Straße zu gehen. Aus Angst, auch gefangen genommen zu werden, bleiben fast alle, die Jesus lieb hatten, in den Häusern.

»Wann darf ich endlich wieder nach draußen?«, fragt Joschua seine Mutter ungeduldig. Sie steht am Herd und ist dabei, das Essen zu kochen. »Wenn Vater meint, dass sich die Aufregung gelegt hat«, antwortet die Mutter. »Wir wissen ja jetzt alle nicht, wie es nach Jesu Tod weitergehen soll.« Traurig setzt sich die Mutter zu Joschua. Da klopft es plötzlich heftig an die Tür. »Macht mir auf! Ich bin es, Maria!«, ruft von draußen eine Stimme. »Schnell, ich habe eine freudige Nachricht für euch!« Joschua rennt zur Tür und öffnet. »Ich habe Jesus gesehen«, ruft Maria und tritt ein. »Gott hat ihn tatsächlich auferweckt!«

Joschua und seine Mutter hören gespannt zu, was Maria erzählt. »Heute Morgen, es wurde gerade hell, hielt ich es nicht mehr aus, so traurig war ich. Ich habe mich angezogen und bin zu dem Garten geschlichen, wo sie Jesus begraben haben. Ich wollte ihm noch einmal ganz nah sein. Als ich ankam, war der Stein von dem Eingang zum Grab weg!« – »Was?«, ruft Joschua dazwischen, »der war doch riesengroß!« »Und trotzdem war er weggewälzt«, erzählt Maria weiter. »Ich war furchtbar erschrocken und bin, so schnell ich konnte, zu Petrus gelaufen und habe ihm berichtet, dass jemand unseren Jesus gestohlen hat. Da rannten sie los, er und Johannes. Ich kam gar nicht hinterher, und als ich am Grab ankam, kamen sie aus dem leeren Grab heraus, nickten mir nur kurz zu und verschwanden wortlos, ohne etwas zu sagen. Jesus war verschwunden. So stand ich da am leeren Grab und musste weinen.«

»Und dann?«, fragt Joschua gespannt. »Auf einmal habe ich das Gefühl, nicht alleine am Grab zu sein. Ich drehe mich um und sehe jemanden zwischen den

Betrachtung des Bildes »Ich bin die Auferstehung«
Alter der Kinder: ab 6 Jahre
Anzahl: beliebig
Zeitrahmen: 6 Minuten
Material: Farbfolie (Kopie) des Bildes

Erzählung des österlichen Geschehens

31

Ostern

Sträuchern stehen. Ein Mann tritt zwischen den Büschen hervor und fragt mich: ›Warum weinst du?‹ Als ich anfange, die Geschichte zu erzählen, kommt er noch näher und sagt zu mir: ›Maria!‹ Und da erkenne ich ihn. Es ist Jesus! Er ist nicht mehr tot, er lebt! Meine Traurigkeit war wie weggeblasen. Nun bin ich hier bei euch und erzähle, so wie Jesus es mir aufgetragen hat. Wir brauchen nicht mehr traurig zu sein. Jesus lebt!«

Maria hat aufgehört zu erzählen. Für einen Moment sitzen Joschua, die Mutter und Maria still da. Dann springt Joschua auf. »Wohin willst du?«, fragt die Mutter. »Vater suchen und ihm die Geschichte erzählen«, ruft Joschua und rennt zur Tür hinaus.

Andrea Moritz

▶ **Osterbrauch in Indien**
Ablauf: Zunächst wird die folgende Begebenheit erzählt.

Ostern in Indien

»Angeli, wach auf«, flüstert eine Stimme durch das Fenster. Das muss Shanti sein. Ich springe aus dem Bett. Puh, bin ich müde. Gut, dass Shanti morgens immer so früh wach wird. Ohne sie hätte ich bestimmt verschlafen. Ich schleiche mich auf Zehenspitzen aus dem Schlafraum und winke meiner Freundin zu, die vor der Hütte auf mich wartet. »Du Schlafmütze«, kichert sie. »Wir wollen doch heute unser Rangoli legen.« Vor unserer Haustür hat Shanti bereits alles vorbereitet. »Komm, zuerst verteilen wir den Kuhdung, den wir gestern gesammelt haben, auf der Erde«, erklärt sie mir leise. Mit flinken Fingern gestalte ich mit Shanti einen dunklen Hintergrund für unser Osterbild. Anschließend kramt sie eine Dose mit weißem Puder hervor. Vorsichtig öffnet sie den Blechbehälter und schüttet das Rangoli-Puder in ihre Hand. Anschließend ballt sie die Faust. »Vorsicht, unser kostbares Puder rieselt heraus«, rufe ich erschrocken. Doch Shanti lacht. »Angeli, hast du noch nie beim Rangoli-Malen zugeschaut? Alle Frauen in Indien machen das so.« Und ich sehe, wie Shanti das Puder mit gleichmäßigen Bewegungen auf der Erde verteilt. »Das wird ja ein Kreuz«, staune ich. »Klar«, grinst Shanti mich an. »Jeder, der heute mit uns Ostern feiert, soll sich mit uns über das Kreuz-Rangoli freuen.«

Klaus Vellguth und Betina Gotzen-Beek

Ablauf: Die Kinder malen die Umrisse eines Ostermotives/Osterbildes auf ein Blatt Papier. Dann streichen sie immer einen Teil des Motives mit Klebestift ein und streuen vorsichtig den farbigen Sand darauf. Dies geht am einfachsten mit kleinen, spitzen Papiertüten, die unten in der Spitze ein kleines Loch haben und jeweils mit dem Sand befüllt werden. Nach und nach werden die Umrisse mit Sand gefüllt und das Bild entsteht. Zum Trocknen werden die Bilder auf die Heizung gelegt.

Tipp: *Farbiger Sand lässt sich auch selber herstellen. Aus dem Baumarkt oder dem Tierbedarfshandel wird feinkörniger Sand besorgt, aus dem Bürogeschäft farbige Tinte. Mit unterschiedlich farbiger Tinte wird der Sand eingefärbt und im Backofen getrocknet.*

ÜBERTRAGUNG

Einfach gesprochen bedeutet Ostern: das Erleben von befreiender Freude, die den ganzen Menschen erfasst. Dieses Erleben ist auch ein Teil der Lebenswirklichkeit jedes Kindes.

Ostern

▶ **Von Traurigkeit und Freude**
Ablauf: Die Aussagen der beiden Kinder werden gelesen. Daran kann sich ein Austausch mit den anwesenden Kindern anschließen.

Lena (6): *Mein Meerschweinchen ist gestorben, als wir im Urlaub in Schweden waren. Papa hat uns das erst an dem Abend erzählt, bevor wir nach Hause fahren wollten. Auf der Fahrt habe ich geweint. Den Moritz habe ich nämlich lieb gehabt. Ich wollte nicht, dass der Moritz nicht mehr da ist, wenn ich nach Hause komme. Der hat ja bei mir im Zimmer gewohnt. Bei der Oma wollten wir den Käfig ohne Moritz abholen. Und da saß ein kleiner Hase in dem Käfig von Moritz. Der heißt Max und wohnt jetzt bei mir im Zimmer. Ein bisschen traurig bin ich aber trotzdem noch.*

Leon (9): *Der Lukas, mein bester Freund, ist krank geworden und musste in das Marien-Krankenhaus. Die Mutter von Lukas hat gesagt, vielleicht muss der Lukas sterben. Der hat nämlich eine Blutkrankheit, die Leukämie heißt. Zuerst wusste ich gar nicht, was ich sagen sollte. Ich bin immer wieder an dem Haus von Lukas vorbeigefahren, obwohl ich wusste, dass er gar nicht da ist. Dann durfte ich Lukas besuchen. Jetzt ist der Lukas wieder zu Hause und ich besuche ihn ganz oft. Schließlich ist er mein bester Freund.*

Kinder erzählen, wie sie mit Traurigkeit und Freude umgehen.
Alter der Kinder: ab 6 Jahre
Anzahl: beliebig
Zeitrahmen: 5 Minuten
Material: nicht erforderlich

▶ **Farbenfrohes Freudenmandala**
Ablauf: Die Kinder erhalten ein Mandala und können dieses ausmalen.
Mandala: verschieden überliefert (Mandala-Bücher)

Die Kinder malen ein Mandala aus.
Alter der Kinder: ab 6 Jahre
Anzahl: beliebig
Zeitrahmen: 10 Minuten
Material: Kopien eines Mandalas, Stifte, ruhige Musik

AUSKLANG
Der Grund für die befreiende Osterfreude liegt in Jesus Christus. Das dürfen auch Kinder wissen.

▶ **Ostergras pflanzen**
Ablauf: Damit der Samen zu Ostern gewachsen ist, muss die Pflanzaktion 3-4 Wochen vorher stattfinden. In eine Schale mit Erde (aus dem Garten oder aus dem Gartencenter) pflanzen die Kinder die Samen ein. Dabei können sie ein Muster pflanzen oder die ganze Schüssel voll machen. Bis Ostern ist das Gras gewachsen. Nun gestalten die Kinder in dem Ostergras ein grünes Osternest, das sie dann mitnehmen können.
Tipp: Anstelle von dem Weizensamen kann Kresse zur Verwendung kommen – die wächst schneller und kann hinterher gegessen werden!

▶ **Gebet und Segen**

(Die Kinder stehen in einem Kreis und fassen sich an den Händen.)

*Auch wenn wir nicht verstehen, guter Gott,
was zu Ostern geschehen ist,
so können wir doch sehen,
dass Menschen sich wieder freuen,
dass Menschen neue Hoffnung finden,
dass Menschen nicht mehr zweifeln.*

*Auch wenn wir nicht verstehen, guter Gott,
was zu Ostern geschehen ist,
so wollen wir doch glauben,*

*dass Christus Trauer in Freude verwandelt,
dass Christus neue Hoffnung schenkt,
dass Christus den Zweifel nimmt.*

*Wir freuen uns, weil du, Christus, nicht mehr tot,
sondern lebendig bist.*

*Der Segen des auferstandenen Christus
begleite uns.
Amen.*

Geschwister

Josef und seine Brüder

Geschwister

Haben Sie eine Lieblingssoap? Sie wissen schon, diese täglichen Fernsehsendungen, die scheinbar unglaubliche Geschichten von Menschen erzählen, von Glück, Leid, Trauer, Freude und Schmerz. Bis zu 5 Millionen Zuschauer sehen pro Folge zu. Es scheint spannend zu sein, wie andere Menschen ihr Lebensschicksal meistern, mit Enttäuschungen und Hoffnungen umgehen und Konflikte lösen. Die eigene Realität kann abgeglichen werden mit der Fiktion auf dem Bildschirm, und bei der Fülle von schicksalhaften Ereignissen im Soap-Alltag kommt das eigene Leben immer gut weg. Was nehmen Sie aus Ihrer Lieblingssoap mit? Eine Stunde Abschalten vom Alltag?

Biblische Texte
1 Mose 37
1 Mose 39; 40
1 Mose 41
1 Mose 42-45 i.A.

Nicht erst seit der Arbeit mit der Systemischen Familientherapie lässt sich behaupten, dass Konflikte in der Herkunftsfamilie, Schlüsselerlebnisse mit den Eltern und Auseinandersetzungen mit den Geschwistern kausal für den je eigenen Lebensentwurf und den Verlauf einer Lebensgeschichte mitverantwortlich zeichnen. Bleiben diese Ursprungskonflikte ungelöst, wirken die zurückliegenden Erlebnisse über Jahrzehnte bis in eine Jetztzeit hinein und können in Übertragungsprozessen Konflikte verursachen, die mit den ursprünglich Beteiligten nichts mehr zu tun haben.

Keine Familie ist ohne Konflikt. Sie erinnern sich gewiss an Streitsituationen in Ihrer Herkunftsfamilie. Der Weihnachtsstreit aufgrund der überfordernden Ansprüche an die

erlebnisweg
Geschwister

Biblischer Zuspruch
Ihr hattet Böses mit mir vor, aber Gott hat es zum Guten gewendet.
(1 Mose 50,20a)

Harmonie in der Familie; der Urlaubsstreit aufgrund der Gepäckmenge; der Neidstreit aufgrund eines in einem Moment bevorzugten Geschwisters: Solche Streitmomente haben sich meist aus dem Weg räumen und klären lassen. Wissen Sie um Konflikte, die belastender gewesen sind? Eine Patchwork-Familiensituation, die ein Kind hin und her gerissen hat? Die Unterdrückung durch einen großen Bruder, die eine gesamte Kindheit überdauert hat? Ungewollte Bevorzugung oder Benachteiligung der Geschwisterkinder seitens der Eltern, die bis zur Ablösung von der Familie und sogar darüber hinaus wirksam geblieben sind? Wenn Sie selber diese Erlebnisse gemacht haben, wissen Sie um die Prägungen und Spuren, die sie hinterlassen können.

In der biblischen Person des Josef bündeln sich die Erlebnisse und Erfahrungen, die im Leben eines Menschen einen Platz einnehmen können. Bevorzugung durch den Vater, Streit mit den Geschwistern und deren »Befreiung« vom ungeliebten Bruder, der Aufstieg und Fall im Hause des Potifars und schließlich der Aufstieg zum zweiten Mann im ägyptischen Reich. Dieser Stoff ist ein Erzählstück von lebensnaher und lebensbegleitender Dichte. Die Geschichte Josefs erzählt von Reue, Vergebung und Heilung der zerstörten (Geschwister-) Beziehungen und findet zu einem beeindruckenden Resümee: Gott gedachte es gut zu machen.

DIE SITUATION DER KINDER

Die Geschichte von Josef ist eine Erzählung, die Kinder in ihren Bann ziehen wird. Nicht nur das spannende Auf und Ab im Erleben des Josef ist dafür der Grund, sondern vor allem die Person Josef an sich. Mit Josef können sie zum bewundernswerten Helden werden. Alles gelingt Josef. Er ist begabt und tüchtig. Und er weiß sich auf Gottes Hilfe zu verlassen. Welches Kind genießt es nicht, wenn es sich durch etwas Besonderes hervortun und von anderen Kindern abheben kann? Am Ende der Geschichte ist Josef der, der nicht nachtragend und auf Rache aus ist, sondern der seinen Brüdern zur Vergebung bereit begegnet und ihnen großzügig hilft. Diese Großherzigkeit würden sich die Kinder gerne auch zuschreiben können. Mit dem Moment der vergebenden Begegnung wird Josef den Kindern zum Vorbild für die Beilegung von Beziehungsstreit und Heilung von zerbrochenen Beziehungen.

Die Geschichte von Josef und seine Person laden ein, sich ein Vorbild zu nehmen.

Gerade der Anfang der Josef-Geschichte zeichnet einen jungen Menschen, der vor Eitelkeit und Aufgeblasenheit aus allen Nähten platzt. Er wird von seinem Vater als Lieblingssohn bevorzugt und sonnt sich in dieser Rolle. Die Kinder erleben Josef als einen Menschen, der zu Recht die Missgunst seiner Brüder auf sich zieht. Welches Kind hat sich nicht schon insgeheim vorgestellt, wie es wäre, wenn unliebsame und bevorzugte Geschwister verkauft werden würden? Das Verhalten der Brüder gegenüber Josef als Folge des Geschwisterstreits ist für Kinder gut nachvollziehbar.

Die Geschichte von Josef und seine Person zeigen aber nicht nur die Stärken, sondern auch die Schwächen eines Menschen.

Sie erleben Josef aber auch als einen Menschen, der dazulernt und sich verändert. Sie erleben an Josef: Veränderung ist möglich. Sie sehen: Gott lässt Josef nicht im Stich. Die Geschichte von Josef kann den Kindern helfen, sich in den verschiedenen Lebenssituationen der Begleitung Gottes anzuvertrauen.

Die Geschichte von Josef ist eine lebensnahe Erzählung. Die Erzählmomente des Geschwisterstreits mit dessen Vorgeschichte und mit dessen Folgen können den Situationen entsprechen, die ein Kind gerade in seiner Lebenswelt erlebt. Die Begleitenden sind hier herausgefordert, sensibel zu werden für die leisen und lauten Äußerungen der Kinder im Zusammenhang mit der Geschichte. Sie sind herausgefordert, Begleitung dort anzubieten, wo und wie die Situation es erfordert. Der Zuspruch an die Kinder, dass Gott sie nicht im Stich lässt, braucht in diesem Zusammenhang die Einlösung seitens des Begleitenden.

Die Geschichte von Josef kann aktuelle Problemsituationen im Leben der Kinder aufzeigen.

Wissen Sie um problematische Familienverhältnisse der Kinder, mit denen Sie es zu tun haben? Wo müssen Sie deshalb sensibel sein?

erlebnisweg
Geschwister

SENSIBILISIERUNG
Wer gehört zu meiner Familie?
Wie nehme ich meine Geschwister und mich als Geschwisterkind wahr?

Die Kinder gestalten einen Familienbaum.
Alter der Kinder: 6-12 Jahre
Anzahl: beliebig
Zeitrahmen: 10 Minuten
Material: Vorlagen eines Baumes mit vielen Ästen

▶ **Meine Familie**
Ablauf: Die Kinder malen Äpfel an die Äste des Baumes und benennen darin ein Mitglied ihrer Familie. Als Vorlage kann ein Familienbaum exemplarisch gestaltet werden. So sehen die Kinder, an welcher Stelle des Baumes die Bilder der Großeltern-, Eltern- und Kindergeneration, Onkel und Tanten, ggf. Cousins und Cousinen aufgehängt werden können.

Die Kinder sollen mit dem Steckbrief ihre Geschwister beschreiben.
Alter der Kinder: 6-12 Jahre
Anzahl: beliebig
Zeitrahmen: 10 Minuten
Material: Vorlage Steckbrief

▶ **Steckbrief der Geschwister**
Ablauf: Die Kinder füllen den Steckbrief aus. Sollten die Kinder keine Geschwister haben, füllen sie den Steckbrief aus unter der Fragestellung: Wie würden meine Wunsch-Geschwister sein? Im Anschluss können die Geschwister-Steckbriefe vorgestellt oder aufgehängt werden.

Vorlage

Meine Geschwister

Mein Bruder/meine Schwester heißt: _____
Das sage ich zu ihm/ihr: _____
Er/Sie ist so viele Jahre älter/jünger als ich: _____
Er/Sie ist größer/kleiner als ich: _____
Diese Farbe haben die Haare: _____
Er/Sie trägt eine Brille/trägt keine Brille: _____
Er/Sie trägt eine Zahnspange/ trägt keine Zahnspange: _____
Er/Sie hat ein eigenes Zimmer/ hat kein eigenes Zimmer: _____
Er/Sie hat ein Spielzeug, das ich auch gerne hätte: _____
Er/Sie ärgert mich, wenn: _____
Ich freue mich, wenn er/sie: _____
Meine Eltern erlauben ihm/ihr und mir nicht: _____
Meine Eltern erlauben mir und ihm/ihr nicht: _____
Wenn ich könnte, würde ich ihm/ihr: _____

Die Kinder stellen sich vor, was wäre, wenn sie noch ein Geschwisterkind bekämen.
Alter der Kinder: 6-12 Jahre
Anzahl: beliebig, in Gesprächsgruppen zu 6-8 Kindern
Zeitrahmen: 10 Minuten

▶ **Was wäre, wenn ...?**
Ablauf: In einem Gespräch zeigen Sie den Kindern die Bilder und überlegen gemeinsam, was sich ändern würde, wenn noch ein Geschwisterkind in die Familie kommen würde. Als letztes »Bild« sieht sich das Kind im Spiegel/in der Spiegelfolie.

Bild Eltern
Würden deine Eltern sich freuen?

Geschwister

Würden sie weniger Zeit für dich haben?
Was würden sie dich mit deinem Bruder/deiner Schwester unternehmen lassen?
Bild Wohnung/Haus/Zimmer
Wo würde das Bett von deinem Geschwisterkind stehen?
Wo würde es spielen?
Fändest du es prima, wenn er/sie bei dir im Zimmer schlafen könnte?
Bild Auto
Steht der Kindersitz von deinem Bruder/deiner Schwester neben deinem?
Wo würdest du gerne mit ihm/ihr Urlaub machen?
Bild Spiegel/Spiegelfolie
Was würdest du mit deinem Bruder/deiner Schwester spielen?
Nimmst du ihn/sie mit in den Kindergarten/die Schule?
Welchen Namen würdest du ihm/ihr geben?

Material: Bilder von den unterschiedlichen Situationen, die einer Veränderung unterworfen sein könnten. Schneiden Sie Fotos oder Bilder aus Zeitschriften aus oder skizzieren Sie selbst.

▶ **Ich kann, was ich kann**
Ablauf: Die Kinder sollen Zimmer des Hauses einräumen. Dabei wählen sie exemplarisch ein Familienmitglied (bevorzugt ein Geschwisterkind) aus und legen auf dessen Zimmer die Dinge, die das Familienmitglied unbedingt bekommen muss. Auf Nachfragen erklären sie, warum das Familienmitglied diese Dinge braucht. In einem zweiten Schritt räumen die Kinder ihr eigenes Zimmer ein. Die Nachfragen zielen auf die Gaben und Fähigkeiten ab:
Macht er/sie das gerne/oft? Kann er/sie das gut? Spielst du gerne mit …? Kannst du das gut?

Fragen:
Gibt es Sachen, die deine Geschwister können, die nichts mit konkreten Dingen zu tun haben? Können sie zum Beispiel gut zuhören? Oder trösten? Überlege einmal, ob dir noch anderes dazu einfällt.

Die Kinder entdecken, welche Gaben und Fähigkeiten sie selbst und ihre Geschwister haben.
Alter der Kinder: 6-12 Jahre
Anzahl: beliebig, in Kleingruppen
Zeitrahmen: 10 Minuten
Material: Bildvorlage eines großen Hauses mit vielen Zimmern, Bildelemente aus Katalogen ausgeschnitten: Es sollen in der Vorbereitung Gegenstände ausgeschnitten werden, die einer Begabung oder einer Fähigkeit eines Familienmitglieds entsprechen. Dies können sein: Fußball, Fahrrad, Skateboard, Pferd, Tennisschläger, Boot, Staffelei, Strickzeug, Werkzeug, Auto etc. Eine große Auswahl ist hierbei wichtig.

BEWUSSTWERDUNG
Wer ist das eigentlich, dieser Josef?

▶ **Die Josef-Story** (mit Puppe und Kleiderteil zum Kopieren)
Ablauf: Die Kinder schneiden sich die Josef-Puppe und die Kleider aus. Während der Erzählung ziehen sie die Josef-Puppe mit den entsprechenden Kleidern an. Im Anschluss an jedes erzählte Element kann ein Gesprächsangebot gemacht werden.

Fragen
Wie findest du das?
Was hättest du getan?
Kennst du so etwas auch?

Josef – eine Geschichte in sechs Kleidern
Einleitungsvorschlag
Wenn du dir den Steckbrief von Josef anschaust, dann denkst du bestimmt: Was für ein komischer Kerl! Möchtest du einen Bruder haben, der dich verpetzt, der angibt und unverschämte Träume hat? Und der zudem noch vom Vater bevorzugt wird? Bestimmt nicht! Den Brüdern von Josef ging es genauso! Aber dann wird alles ganz anders!

Die Kinder erleben eine Kleidergeschichte, anhand derer das Leben des Josef erzählt wird.
Alter der Kinder: 6-12 Jahre
Anzahl: beliebig
Zeitrahmen: 20 Minuten
Material: Vorlagen für die Josef-Puppen, Vorlagen für die Kleider, Scheren

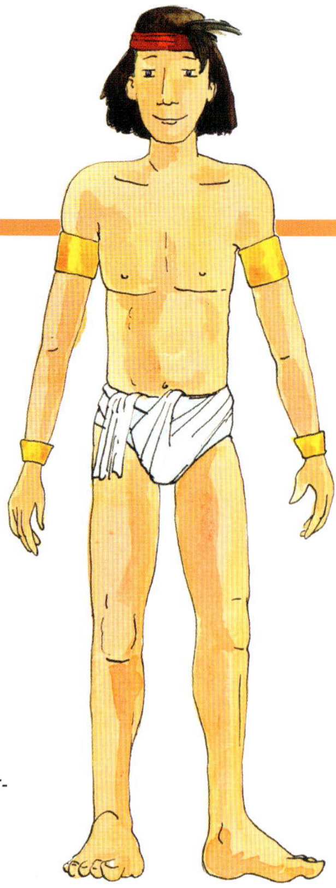

erlebnisweg
Geschwister

1. Das prächtige Gewand
Josef ist der Lieblingssohn seines Vaters Jakob. Deshalb bekommt er ein prächtiges Gewand geschenkt! Eines Nachts träumt er davon, dass seine Brüder und seine Eltern sich vor ihm verbeugen müssen! Gleich am nächsten Morgen erzählt er allen von seinem Traum. Was für ein Angeber! Die Brüder sind sauer. Das kann was werden!

2. Das zerrissene Gewand
Josefs Brüder sind mit den Viehherden des Vaters unterwegs. Jakob sagt zu Josef: »Suche deine Brüder und sieh nach, wie es ihnen geht!« Josef macht sich auf den Weg. Seine Brüder sehen ihn von weitem kommen. Sie sind so böse auf ihn, dass sie ihn töten wollen. Aber Ruben, der älteste Bruder, will Josef nichts antun. Er sagt: »Werft ihn in den leeren Brunnen!« Heimlich will Ruben seinen Bruder Josef in der Nacht befreien. Die Brüder stürzen sich auf Josef und werfen ihn in den Brunnen. Als eine Gruppe von Händlern vorbeikommt, beschließen Josefs Brüder, ihn als Sklaven zu verkaufen. Auch Ruben kann das nicht verhindern. Danach zerreißen sie das prächtige Gewand, tauchen es in das Blut einer Ziege und erzählen dem Vater, ein wildes Tier hätte Josef gefressen.
Der Vater trauert.

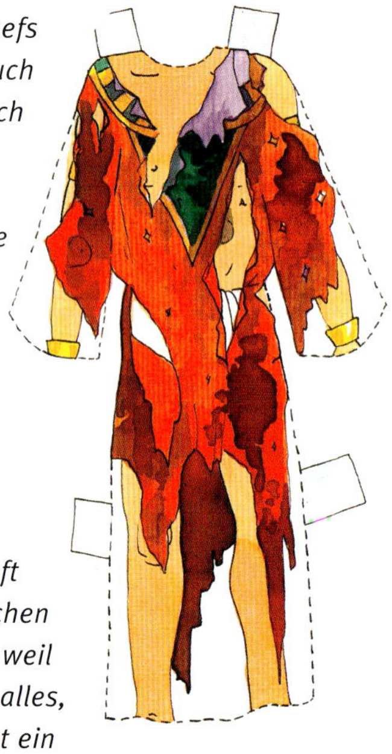

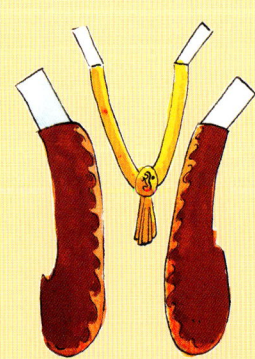

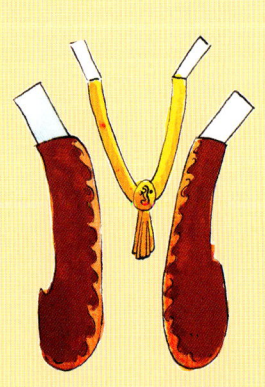

3. Das anständige Gewand
Die Händler ziehen nach Ägypten. Potifar, ein Hofbeamter des Pharao, kauft Josef und macht ihn zu seinem persönlichen Diener vor allen anderen Sklaven. Denn weil Gott es gut mit Josef meint, gelingt ihm alles, was er beginnt. Potifars Frau hat ein Auge auf Josef geworfen. Sie will ihn verführen. Doch Josef lässt sich nicht darauf ein. Potifars Frau ist enttäuscht. Sie lügt ihren Mann an: »Josef hat versucht, mich zu vergewaltigen«, behauptet sie. Potifar ist zornig und lässt Josef ins Gefängnis werfen.

4. Das Gefängnis-Gewand
Gott lässt Josef nicht im Stich. Der Gefängniswärter macht Josef zum Aufseher über die anderen Gefangenen. Bald werden zwei neue Gefangene eingeliefert: der Bäcker und der Mundschenk des Pharao. Beide träumen einen seltsamen Traum. Josef kann ihnen mit Gottes Hilfe die Träume erklären. Tatsächlich treffen die Ereignisse so ein, wie Josef sie aus den Träumen vorher gesagt hatte. Der Mundschenk erhält seine

erlebnisweg
Geschwister

Anstellung zurück, der Bäcker wird getötet. Trotz seines Versprechens aber vergisst der Mundschenk Josef im Gefängnis. Erst als auch der Pharao einen Traum hat, den niemand deuten kann, erinnert sich der Mundschenk an Josef.

5. Das königliche Gewand

Der Pharao lässt Josef zu sich kommen. Er erzählt von seinen Träumen. Josef sagt: »Gott sagt dir, was er vorhat. In den nächsten sieben Jahren wird es in ganz Ägypten mehr als genug zu essen geben. Aber danach kommen sieben Jahre Hungersnot.« Josef schlägt vor, Speicher zu bauen, um Vorräte für die Hungersnot zu sammeln. Der Vorschlag gefällt dem Pharao sehr. Er macht Josef zu seinem Stellvertreter. Josef setzt seinen Vorschlag in die Tat um.

6. Das festliche Gewand

Josefs Familie in Kanaan leidet unter der Hungersnot. Der Vater schickt zehn seiner Söhne nach Ägypten, um Getreide zu kaufen. Nur den jüngsten Sohn Benjamin behält er daheim. Josef erkennt seine Brüder sofort, wird von ihnen aber nicht erkannt. Er erinnert sich daran, was sie ihm angetan haben. »Ihr seid Spione«, behauptet er. »Nein«, erwidern die Brüder erschrocken, »wir sind elf Brüder aus dem Lande Kanaan und wollen Getreide kaufen.« – »Das müsst ihr beweisen«, fordert Josef. Zuerst will er seine Brüder einsperren – bis auf einen, damit dieser auch den jüngsten Bruder holen kann. Doch dann besinnt er sich. Er schickt alle Brüder bis auf einen nach Hause und fordert sie auf, zusammen mit Benjamin zurückzukommen. Josef gibt ihnen Getreide mit und schmuggelt sogar das Geld zurück in ihre Säcke. Nach einiger Zeit kehren die Brüder mit Benjamin zurück nach Ägypten. Josef stellt seine Brüder auf die Probe. Als sie wieder abreisen, schmuggelt er einen goldenen Becher in den Getreidesack, den Benjamins Esel trägt. Dann lässt er seine Brüder zurückholen. Er sagt: »Derjenige, welcher gestohlen hat, wird ein Leben lang als Sklave in Ägypten bleiben müssen.« Doch die Brüder lassen Benjamin nicht im Stich, so wie damals Josef. Sie bieten sich an, alle anstelle von Benjamin als Sklaven in Ägypten zu bleiben. Josef sieht, dass seine Brüder sich verändert haben. Er gibt sich zu erkennen. Ist das eine Freude! Sie feiern ein großes Fest miteinander. Gott hat es gut mit Josef gemeint!

erlebnisweg
Geschwister

ÜBERTRAGUNG
Was hat die Geschichte von Josef mir zu tun?

Spielerisch soll ein Weg aufeinander zu beschritten werden.
Alter der Kinder: 5-12 Jahre
Anzahl: beliebig
Zeitrahmen: 10 Minuten
Material: Tuch oder Ball

▶ **Aufeinander zugehen**
Ablauf: Alle Kinder stellen sich an einer Stelle zusammen. Eines der Kinder wirft ein Tuch hoch und ruft dabei den Namen eines Mitspielers. Dieser muss das Tuch auffangen, während die anderen wegrennen. Hat der Mitspieler das Tuch, schreit er »Stopp« und die anderen bleiben stocksteif stehen. Der Mitspieler guckt sich einen anderen aus und schätzt, wie viele Schritte er braucht, um zu ihm zu gelangen. Dann geht er los. Gelingt es ihm, mit der geschätzten Schrittzahl den anderen zu erreichen und ihn mit dem Tuch zu berühren, geht das Spiel von vorne los.

Kinder spielen und lösen Streit mit Puppen oder Figuren.
Alter der Kinder: 6-12 Jahre
Anzahl: beliebig, in Kleingruppen
Zeitrahmen: 15 Minuten
Material: Handpuppen, Fingerfiguren, Stabpuppen, Plüschtiere o.Ä.

▶ **Streitfälle**
Ablauf: Die Kinder sollen mit den Figuren Streitsituationen spielen. Dabei können die Szenarien vorgegeben sein oder sich frei entwickeln. Die Kinder haben im Spiel selbst freie Hand. Zu einem geeigneten Zeitpunkt darf das Spiel allerdings unterbrochen und geändert werden. Nun steht nicht mehr der Streit, sondern ein Moment der Lösung im Vordergrund. Dies kann mit einer Frage oder einem kurzen Gespräch über Lösungsmöglichkeiten eingeleitet werden. Erfahrungsgemäß dauern Aufbau und Spiel des Streits erheblich länger als die Momente der Lösung und Versöhnung. Zudem ist davon auszugehen, dass den Kindern Lösungsmöglichkeiten so vertraut sind, dass es keine unterbrechende Richtungsänderung dahingehend braucht.
Weiter ist es sinnvoll, einen Streitschlichter einzubauen, der mit ritualisierten Fragen den Versöhnungsprozess anleitet. Dies kann ein Kind sein, das aber die Begleitung eines Erwachsenen braucht. Mögliche Fragen dazu: *Was ist der Grund für den Streit? Was soll geschehen, damit du dich wieder versöhnen kannst? Was willst du konkret tun, um Versöhnung möglich zu machen?*

Szenarien
Mark hat ein Spielzeugauto geschenkt bekommen, Luzie eine Kette. Sie hätte aber lieber das Auto und nimmt es Mark weg.
Claudia hat ein Bild gemalt. Jens ist neidisch, weil er auch gerne so schön malen könnte. Er schmiert Claudias Bild mit Farbe voll.
Ulrike hat Nicole ein Geheimnis anvertraut. Von Tobi hört sie, dass Nicole ihr Geheimnis allen verraten hat.
Carsten hat sich eine Höhle unter dem Tisch gebaut. Sein Bruder Kevin kriecht hinein und will nicht mehr hinausgehen. Also schubst Carsten ihn. Kevin stößt sich den Kopf und schreit laut.

Die Kinder beschreiben und legen Schritte aufeinander zu.
Alter der Kinder: 6-12 Jahre
Anzahl: beliebig
Zeitrahmen: 15 Minuten
Material: Pappfüße, ggf. mit den Kindern basteln

▶ **Was ich für Versöhnung tun kann ...**
Ablauf: Im Raum werden zwei Standpunkte aufgestellt. Der eine ist mit »Streit«, der andere mit »Versöhnung« beschrieben. Jedes Kind erhält einen Pappfuß, den es beschreiben oder bemalen soll. Dies kann im Austausch darüber geschehen, welche Momente der Versöhnung die Kinder schon erlebt haben. Im Anschluss legen die Kinder die Füße zwischen den beiden Standpunkten aus. Dies geschieht so, dass vom Standpunkt »Streit« ein Fußweg zum Standpunkt »Versöhnung« gelegt wird. Dabei wird über die Möglichkeiten, vom Streit zur Versöhnung zu finden, gesprochen.

Geschwister

erlebnisweg

AUSKLANG
Josef macht Mut. Er zeigt: Es gibt Wege vom Streit zur Versöhnung.

▶ **Das macht Mut**

Ablauf: Die Kinder stellen sich in einen Kreis und fassen sich an den Händen. Das Gebet wird gesprochen.

Gebet zum Ausklang
Alter der Kinder: 6-12 Jahre
Anzahl: beliebig
Zeitrahmen: 3 Minuten
Material: kein Material erforderlich

▶ **Gebet**

*Du, guter Gott,
reichst uns deine Hand als Zeichen dafür,
dass du dich mit uns versöhnst.
Wir danken dir.*

*Hilf uns, guter Gott,
dass wir einander die Hand reichen können,
als Zeichen unserer Versöhnung.
Wir bitten dich.*

▶ **Ritual**

Ablauf: Die Kinder bilden zwei Kreise, einen inneren Kreis, in dem Kinder mit dem Gesicht nach außen stehen, und einen äußeren Kreis mit Kindern, die nach innen sehen. Die Kinder reichen sich die Hand und sprechen gemeinsam den Text. Bei den ersten drei Zeilen dreht sich der äußere Kreis jeweils so weit, dass einem Kind des äußeren Kreises ein neues Kind im inneren Kreis gegenübersteht.

Anzahl: ab 6 Kindern
Zeitrahmen: 5 Minuten
Material: kein Material erforderlich

Text
*Ich reiche dir die Hand,
ich reiche dir die Hand,
ich reiche dir die Hand,
als Zeichen dafür,
dass Versöhnung zwischen dir und mir möglich ist.*

erlebnisweg

Pfingsten

Gottes Geist begeistert

Pfingsten

»Feuer und Flamme, Brausen und Sausen, Heiliger Geist und sonderbare Sprache – was ist in Jerusalem zu Pfingsten los?«
Stellen Sie sich einmal vor, Ihr Gemeindepfarrer käme auf Sie zu und bäte Sie, mit vier weiteren Mitgliedern Ihrer Kirchengemeinde das Pfingstgeschehen in ein Anspiel für den Pfingstgottesdienst umzusetzen. Das Stück soll nicht länger als 5 Minuten dauern und die Szene, die in der Apostelgeschichte geschildert wird, erklärend wiedergeben. Und nun? Die Weihnachtsgeschichte wäre ja kein Problem, auch die Geschichte vom österlichen Geschehen ist gut machbar, aber die Pfingstgeschichte? Wie sollen das Brausen vom Himmel, die Feuerzungen, die Begeisterung, die Ansprache, die von Menschen mit verschiedenem landessprachlichen Hintergrund verstanden werden kann, denn dargestellt werden?

Biblische Texte
Apostelgeschichte 1,1-12
Apostelgeschichte 2,1-13
Apostelgeschichte 3,1-9
Apostelgeschichte 4,1-21
Apostelgeschichte 6,1-17

Das Pfingstfest ist im Unterschied zu den zentralen christlichen Festen wie dem Osterfest und mehr noch dem Weihnachtsfest kaum von gesellschaftlichem Interesse. Es hat sich weder ein allgemeines Brauchtum ausgebildet, noch sind die Inhalte des Pfingstgeschehens allgemein bekannt. Dabei ist das Pfingstgeschehen theologisch betrachtet von zentraler Bedeutung: Gott wird und bleibt durch die Kraft seines Geistes in seiner gesamten Schöpfung präsent und wirkt im Menschen auf Erneuerung hin. Die Überwindung nationaler, kultureller und sozialer Differenzen wird als Hoffnungsschimmer im Pfingstfest sichtbar und regt zum Dialog der Kulturen an.
Obwohl sich ein Zugang zum Pfingstgeschehen über das eigene Erleben oder die

Pfingsten

Biblischer Zuspruch
Du, Gott, hast mir den Weg zum Leben gezeigt; in deiner Nähe werde ich froh und glücklich sein! (Apg 2,28)

Erfahrung im Umgang mit den Symbolen »Feuer«, »Wind« oder »Sturm« anbietet, lässt sich das inhaltliche Geschehen kaum greifen. Gott kommt im Geist vom Himmel herab, so berichtet es die biblische Erzählung in Apg 2,1-13. Dies geschieht zunächst unsichtbar. Hörbar ist dies in einem Brausen über dem Haus, in dem der neue Jüngerkreis fünfzig Tage nach dem österlichen Geschehen versammelt ist. Diese unsichtbare, machtvolle Bewegung wird sichtbar in Feuerzungen, die dem Einzelnen zuteil werden. Die Geistbegabung drückt sich schließlich in einer Bewegung aus, die in dem Wortspiel »Begeisterung« begriffen werden kann. Die Jünger können nicht anders, als von dem, was sie gesehen und gehört haben, den Menschen begeistert zu erzählen. Inmitten der Fremdheit unterschiedlichster Kulturen der zuhörenden Menschen wird eine Gemeinsamkeit zur Wirklichkeit: Alle Menschen verstehen die Jünger!

Für das, was dieses Geschehen ausdrückt, lassen sich kaum Bilder finden. In ihrer Geschichte »Pfingsten ist orange« schafft H. Oberbergfell eine Annäherung an das Pfingstgeschehen und den Heiligen Geist, die auch Kinder verstehen können. Aus einem Erlebnis mit orangenen Schwimmflügeln, denen die Luft fehlt, resümiert die Mutter: »In den Flügeln ist eine unsichtbare Kraft, die macht, dass man nicht untergeht. Genauso ist es mit dem Heiligen Geist: Das ist auch eine unsichtbare Kraft, die uns trägt. Nicht zum Anfassen, nicht zum Sehen, aber man spürt sie.« (Vorlesebuch Erzähl mir vom Glauben, Gütersloher Verlagshaus, Gütersloh 2002, S. 115). Die Analogie der Farben – orange ist der Schwimmflügel, rot die liturgische Farbe des Pfingstfestes – ist dabei weniger die Verstehensbrücke für die Tochter als die Erfahrung: Gottes Geist trägt mich – wie ein Schwimmflügel.

Durch die Kraft des Geistes ist und bleibt Gott in seiner Schöpfung präsent und wirkt in sie hinein. Das pfingstliche Geschehen kann als ein Akt der Bewahrung, Befreiung, Erneuerung und Veränderung begriffen werden. Die Reaktion der Zuhörenden zeigt: Mit der Geisterfahrung lösen sich Grenzen auf, findet Verstehen statt und beginnt Gemeinschaft.

Ein weiterer erfahrungsnaher Zugang öffnet sich über die Symbole »Wind« und »Feuer«. Beide Symbole lassen aber nur eine teilweise Übertragung zu. Schließlich entfaltet sich der Wind im Sturm zu einer gefährdenden und nicht nur unsichtbar bewegenden Kraft, und das Feuer macht nicht nur »brennend« im Sinne von »Feuer und Flamme sein«, sondern verbrennt auch. Die Auswirkungen des Geistgeschehens scheinen greifbarer zu sein als der auslösende Geist an sich: Gottes Geist tröstet, begeistert, schafft Gemeinschaft, gibt Kraft und macht Mut. Dieses Erleben hat Platz in der Lebenswelt des Menschen.

DIE SITUATION DER KINDER

Weder der Heilige Geist als dritte Person der Dreifaltigkeit Gottes noch Pfingsten als schwer zugängliches Fest im Kirchenjahr sind mit der Erfahrungswelt der Kinder direkt verbunden. Kinder, die bisher mit Gottesdienst und Kirche kaum in Berührung gekommen sind, denken wahrscheinlich an weißgewandete Gespenster, Kettengerassel und Grusel-Literatur oder an Erlebnisse in der Geisterbahn, wenn vom Heiligen Geist erzählt wird. Bei jüngeren Kindern lösen diese Verknüpfungen Angst aus, ältere Kinder tun dies als Märchenerzählung ab.

Haben Kinder bereits einen Zugang zum Thema durch das Elternhaus oder durch kindergottesdienstliche Veranstaltungen gefunden, wissen sie schon, dass der Heilige Geist mit Gott zu tun hat und ein guter Geist ist, den die Menschen empfangen können. Eine konkrete Vorstellung dieses Heiligen Geistes haben sie aber kaum entwickelt. Es liegt nahe, Kindern Erlebnisse anzubieten, die das Verstehen dessen, was diese heilige Geistkraft ist und was sie bewirken kann, erleichtert.

erlebnisweg Pfingsten

SENSIBILISIERUNG

Kindern das Pfingstfest nahe bringen heißt, sie erleben zu lassen, dass es Dinge gibt, die man nicht sehen, sondern nur an ihren Auswirkungen erkennen kann.

▶ **Luft in Bewegung bringen**

Ablauf: Die Kinder erhalten je ein Blatt buntes Papier – je stärker das Papier ist, desto stabiler werden nachher die Luftfächer. Das Papier wird in Zickzackform zusammengefaltet und in der Mitte umgeknickt. Die beiden inneren Faltenstreifen werden zusammengeklebt. An die Außenseiten werden zwei feste Pappstreifen als Haltegriffe geklebt. Jetzt kann man den Fächer zu einer Wind- und Wedelblume schließen.

Luft kann ich nicht sehen – aber ich kann sie bewegen und spüren.
Alter der Kinder: 4-12 Jahre
Anzahl: beliebig
Zeitrahmen: 20 Minuten
Material: buntes Papier, Pappe, Kleber

Spiele mit der Windwedelblume

Zwei Kinder sitzen sich gegenüber. Eines fächert dem anderen Luft zu: ins Gesicht, auf den Arm, in die Haare, auf die Handfläche, auf die Beine. Das andere Kind schließt seine Augen und sagt, wo es den Luftzug spürt. Nach einiger Zeit werden die Rollen gewechselt. Die Kinder erleben: Das, was ich nicht sehe, kann ich doch spüren.

▶ **Windrad**

Ablauf: Die Kinder schneiden aus dem bunten Papier Quadrate mit einer Seitenlänge von ca. 15 cm aus. Von Ecke zu Ecke wird nun eine Linie gezogen. In die Ecken wird nach Abbildung je ein Loch gebohrt. An den Linien entlang wird das Papier nun fast bis zur Mitte eingeschnitten. Ein ca. 10 cm langes Stück Draht wird um das obere Ende des Stabes gewickelt. Dabei bleibt ein Stück des Drahtes abstehen. Auf dieses abstehende Ende wird nun das Papier gesteckt. Die Ecken werden nacheinander im Uhrzeigersinn zur Mitte gebogen und ebenfalls auf das Drahtende gesteckt. Schließlich wird die Perle auf den Draht gesteckt und das Drahtende umgebogen. Die Kinder erleben: Das, was ich nicht sehe, hat doch eine Wirkung.

Tipp: Damit sich das Windrad besser dreht, kann zuerst eine Perle auf das Drahtende gesteckt werden, dann das Windrad und abschließend die zweite Perle. Das Windrad kann angemalt werden.

Den Wind erkennt man an seinen Auswirkungen – er bewegt ein Windrad, ohne dass man ihn selbst sehen kann.
Alter der Kinder: 6-12 Jahre
Anzahl: beliebig
Zeitrahmen: 20 Minuten
Material: buntes Papier, Schere, Draht, kleine Holzperlen, Holzstäbe

▶ **Feuer und Flamme**

Ablauf: Die Kinder stellen sich wie für einen Staffellauf in den Kleingruppen gegenüber auf. Auf ein Kommando liest das jeweils erste Kind auf der einen Seite der Staffelgruppen den Zungenbrecher und rennt zur anderen Seite. Dort flüstert es dem Staffelpartner den Zungenbrecher ins Ohr. Sind alle Kinder gelaufen, muss der Zungenbrecher dem Spielleiter gesagt werden. Wer dies schafft, erhält einen Punkt. Es werden einige Durchgänge mit unterschiedlichen Zungenbrechern gespielt.

Die Kinder erleben, dass es nicht einfach ist, sich verständlich zu machen, wenn man »Feuer und Flamme« ist. Es tut gut zu erleben, wenn Verstehen gelingt.

Eine wichtige Nachricht will weitergesagt werden.
Alter der Kinder: 6-12 Jahre
Anzahl: beliebig, Kleingruppen zu 4-8 Kindern
Zeitrahmen: 5 Minuten
Material: Karteikarten mit Zungenbrechern

erlebnisweg Pfingsten

BEWUSSTWERDUNG

Kindern das Pfingstfest zu erklären heißt auch, Bilder zu finden, die die Wirklichkeit des Pfingstgeschehens abbilden können.

In Jerusalem, in Jerusalem ist zu Pfingsten es geschehn! Eine bunte Schar, eine bunte Schar, konnte man bei Petrus sehn.

Mit einem Lied und Tanz wird das Pfingstgeschehen erzählt.
Alter der Kinder: 4-12 Jahre
Anzahl: beliebig
Zeitrahmen: 10 Minuten
Material: Tücher oder Kreppstreifen

Und der Petrus sprach und der Petrus sprach:
»Jesus lädt euch alle ein,
denn so bunt wie ihr, denn so bunt wie ihr,
so soll die Gemeinde sein!«

Viele riefen froh, viele riefen froh:
»Ob wir groß sind oder klein,
wir gehör'n dazu, wir gehör'n dazu,
Jesus lädt uns alle ein.«

In Jerusalem, in Jerusalem,
gibt`s zu Pfingsten Sturm und Wind,
viel Begeisterung, viel Begeisterung
man bei Jesu Freunden find`t.

Ihr Geburtstagsfest, ihr Geburtstagsfest
feiert die Gemeinde heut!
Sagt es allen hier, öffnet weit die Tür:
Gottes Wort ruft alle Leut!

Tanz
Haltet euch an den Tüchern und lauft linksherum im Kreis. Macht zwei Nachstellschritte in die Mitte und kommt vier Schritte zurück.

Text und Melodie: Wolfgang Longardt, © beim Autor

▶ Bildbetrachtung
Ablauf: Die einzelnen Farbfolien werden gezeigt. Die Kinder sollen jeweils beschreiben, was sie sehen. Eine Aktion mit den Kindern macht das inhaltliche Element erlebbar. Im Anschluss daran werden die kurzen Texte gelesen.

Anhand der Posterbilder kann das Geschehen von Pfingsten erzählt werden.
Alter der Kinder: 6-12 Jahre
Anzahl: beliebig
Zeitrahmen: 5 Minuten
Material: Farbkopien der einzelnen Bildelemente des Posters, Overheadprojektor

45

eRLebnisweg
Pfingsten

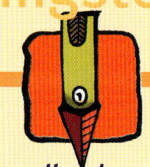

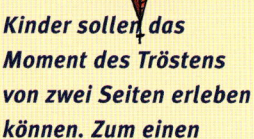

START / ZIEL

Kinder sollen das Moment des Tröstens von zwei Seiten erleben können. Zum einen sollen erlebte Momente des Tröstens dargestellt werden, zum anderen soll mitgeteilt werden, wie man getröstet werden will.

Alter der Kinder:	6-12 Jahre
Anzahl:	beliebig
Zeitrahmen:	15 Minuten
Material:	nicht erforderlich, ggf. Requisiten

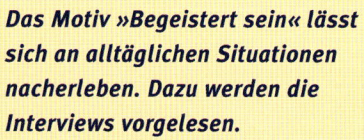

Das Motiv »Begeistert sein« lässt sich an alltäglichen Situationen nacherleben. Dazu werden die Interviews vorgelesen.

Alter der Kinder:	6-12 Jahre
Anzahl:	beliebig
Zeitrahmen:	5 Minuten
Material:	nicht erforderlich

Die Kinder würfeln eine Torte für den Geburtstag der Kirche zusammen.

Alter der Kinder:	6-12 Jahre
Anzahl:	beliebig
Zeitrahmen:	20 Minuten
Material:	Papier, Stifte, Spielplan, Farb- oder Zahlenwürfel, Spielfiguren

▶ **Gottes Geist tröstet**
Aktion mit den Kindern: Wie geht »Trösten«?
Ablauf: Der Anfang einer fiktiven Situation wird gespielt.

Carstens Onkel Jens aus Kanada war sieben Wochen zu Besuch. Die beiden haben sich prima verstanden. Aber nun muss Onkel Jens wieder nach Hause fliegen. Am Abend vor dem Abschiedstag sitzen alle bei einem Festessen zusammen. Die Stimmung ist gedrückt. Carsten muss auf einmal weinen.

Die Kinder übernehmen nun unterschiedliche Rollen. Sie spielen die Szene als Vater, Mutter, Bruder, Schwester, Freund/Freundin und Onkel Jens weiter.

Fragen zum Gespräch
Wie tröstet man Carsten?
Wie will Carsten sich trösten lassen?

Text
Die Jünger sind traurig. Jesus hat ihnen gesagt, dass er sie verlassen und zu seinem Vater gehen wird. Jesus gibt ihnen ein Versprechen: »Gottes heiliger Geist wird euch trösten.«

▶ **Gottes Geist begeistert**
Aktion mit den Kindern: Begeistert sein / Pfingst-Interview

Frage:	Was begeistert dich?
Helen Wild:	Ich war gerade in Afrika und habe dort eine Herde frei lebender Elefanten mit einigen Babyelefanten gesehen – ganz nah. Von ihrer Fröhlichkeit, der Sanftmut und der Größe war ich absolut begeistert!
Andreas Korn:	Mich begeistern Leute, die viel lachen! Wenn Leute viel lachen, dann muss ich immer mitlachen, und schon geht es mir gut!
Frage:	Was machst du, wenn du von etwas begeistert bist?
Kim Adler:	Ich lasse einen Freudenschrei raus!
Yve Fehring:	Erst tanze ich vor Freude und dann rufe ich meine Freunde an und erzähle allen, warum ich so begeistert bin!
Frage an die Kinder:	Was begeistert dich? Was machst du, wenn du begeistert bist?

Helen, Andreas, Kim und Yve kennst du aus der ZDF-Fernsehsendung »logo« – dort moderieren sie!

Text
Die Jünger treffen sich zu Pfingsten in einem Haus in Jerusalem. Plötzlich braust es über dem Dach, als sei ein Sturm losgebrochen. Die Leute draußen bleiben verwundert stehen. Dann geht die Tür auf, und die Jünger stürmen heraus. Über ihren Köpfen leuchtet es, als hätten sie Feuer gefangen.

▶ **Gottes Geist schafft Gemeinschaft**
Aktion mit den Kindern: Kirchentorte würfeln / Happy Birthday, Kirche
Ablauf: Jeder Mitspieler erhält eine Spielfigur und ein Blatt Papier. Die Figur wird auf das Startfeld gestellt. Nun wird reihum gewürfelt. Kommt der Spieler auf ein

erlebnisweg
Pfingsten

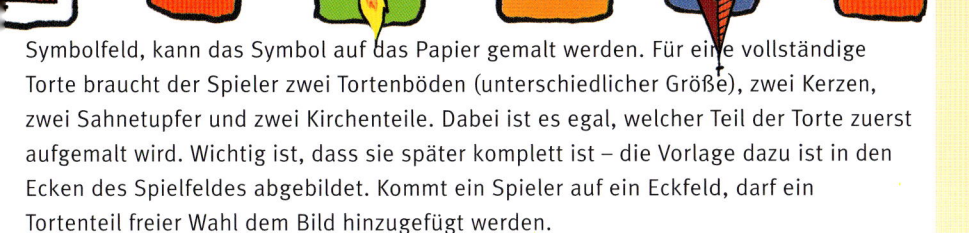

Symbolfeld, kann das Symbol auf das Papier gemalt werden. Für eine vollständige Torte braucht der Spieler zwei Tortenböden (unterschiedlicher Größe), zwei Kerzen, zwei Sahnetupfer und zwei Kirchenteile. Dabei ist es egal, welcher Teil der Torte zuerst aufgemalt wird. Wichtig ist, dass sie später komplett ist – die Vorlage dazu ist in den Ecken des Spielfeldes abgebildet. Kommt ein Spieler auf ein Eckfeld, darf ein Tortenteil freier Wahl dem Bild hinzugefügt werden.

Variation: Es werden nur zwei Runden gespielt (wenn der letzte Spieler das Zielfeld zum zweiten Mal überschritten hat). Jedes Symbol, auf das ein Spieler trifft, wird für den Tortenbau verwendet. Das werden lustige Torten!

Text

Die Jünger können nicht anders: Sie fangen an, von Jesus zu erzählen. Sie erzählen von dem, was sie mit Jesus erlebt haben. Und die Menschen hören zu und verstehen sie. Viele der Menschen, die den Jüngern zuhören, fangen an zu glauben und lassen sich taufen. Von nun an gehören Christinnen und Christen wie eine große Familie zusammen. Herzlichen Glückwunsch zum Geburtstag, Kirche!

▶ **Gottes Geist macht Mut**

Ablauf: Mit den Kindern wird eine Geschichte erdacht, in der Mut eine wichtige Rolle spielt. Die Geschichte wird in einzelne Bilder aufgeteilt, die von den Kindern gemalt werden. Die Bilder werden zu einer Bildergeschichte zusammengeklebt, aufgerollt und, ggf. in einem Karton-Fernseher, als Bildergeschichte vorgeführt.

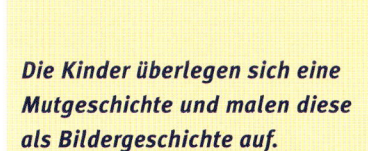

Die Kinder überlegen sich eine Mutgeschichte und malen diese als Bildergeschichte auf.

Alter der Kinder: 6-12 Jahre
Anzahl: beliebig
Zeitrahmen: 15 Minuten
Material: Malpapier, Farben, Klebeband

Text

Von den Ereignissen hören auch die Richter in Jerusalem. Sie befürchten Tumulte und wollen den Jüngern verbieten, weiter von Jesus zu erzählen. Doch die Jünger sagen: »Wir können es nicht lassen. Wir müssen von Jesus reden und von dem, was wir gehört und gesehen haben.«

▶ **Gottes Geist gibt Kraft**
   Aktion mit den Kindern: Lied singen

Ablauf: Das Lied wird gesungen und mit Bewegungen ergänzt.
Das Lied »Silber und Gold hab´ ich nicht« findet sich in gängigen Kinderliederbüchern, z.B. in »Du bist Herr, Kids«, Nr.172, erschienen im Verlag Projektion, 1996.

Das Lied »Silber und Gold« erzählt die biblische Begebenheit.

Alter der Kinder: 4-12 Jahre
Anzahl: beliebig
Zeitrahmen: 5 Minuten
Material: Liedfolie

Text

Zwei der Jünger, Petrus und Johannes, kommen am Tempel vorbei. Dort sitzt ein Mann, der nicht laufen kann. Er ist gelähmt. Er bittet die Jünger um eine Spende. Petrus sagt: Geld habe ich nicht, aber was ich habe, gebe ich dir. Im Namen Jesu Christi, steh auf und geh. Der Mann kann wieder laufen. Er freut sich sehr.

erlebnisweg
Pfingsten

ÜBERTRAGUNG
Kindern das Pfingstfest zu erklären heißt auch, Fragen offen zu lassen.

▶ **Ben ist begeistert**

Papa saß am Frühstückstisch und las in der Tageszeitung. »Ben, beeil dich – ich muss heute etwas eher los.« Ben kam die Treppe heruntergerutscht. Die Idee hatte ihn ganz durcheinander gebracht. Der Reißverschluss seiner Hose stand auf, seine Haare waren nur durchgewuschelt. Als er aufwachte, war sie ihm gekommen, die Frage, ganz plötzlich.

»Papa?«, fragte Ben, »stimmt es, dass es bald vielleicht keine Wale mehr gibt?« Papa blickte von seiner Zeitung auf. »Schon möglich! – Iss jetzt schnell das Brötchen! Und dann ab ins Auto!« Papa räumte die Marmelade und den Käse in den Kühlschrank. »Papa, wenn das stimmt, dann müssen wir doch was dagegen tun!« Papa ging in den Flur und zog sich seine Schuhe an. »Ben, ich hab jetzt keine Zeit – vielleicht am Samstag Vormittag, wenn ich aus Stuttgart zurück bin!« – »Vielleicht ist es dann ja schon zu spät!«, sagte Ben.

Als Ben vor der Schule aus dem Auto kletterte, sah er Tims Mutter in der nächsten Parklücke halten. Tim, Svenja und Doreen stiegen aus. »Tim, wir müssen unbedingt was unternehmen«, platzte es aus Ben heraus. »Wie? Was?«, murmelte Tim, der noch nicht ganz wach war. »Wir müssen die Wale retten!« – »Und wie sollen wir das machen?«, fragte Tim, Bens bester Freund. Ben zuckte mit den Schultern. »Wir können ja einen Klub gründen!«, schlug Doreen vor. Sie hatte sich schon von Bens Eifer anstecken lassen und war ganz begeistert. »Auf jeden Fall müssen wir mehr sein als nur wir vier«, meinte Svenja, »wir können ja mit Frau Henning reden, und vielleicht können wir ja als Klasse was machen.« – »Genau«, rief Ben, »das müssen wir den anderen erzählen!«

Frau Henning ließ sich von der Begeisterung der vier Kinder anstecken. Im Stuhlkreis besprach die ganze Klasse, was als Nächstes zu tun sei. »Wir müssen erst mal alles über Wale rauskriegen!«, meinte Dominik. »Ja, und natürlich auch, warum sie bedroht sind!«, sagte Mara. »Und was man dagegen machen kann!«, rief Ben dazwischen. »Okay, Kinder«, sagte Frau Henning, »dann machen wir es so: Eure Hausaufgabe für morgen ist: Jeder schaut mal nach, ob er Informationen über Wale findet. Und ich werde mal bei der Umweltschutzorganisation Greenpeace anrufen und fragen, ob sie uns weiterhelfen können.«

In den nächsten Tagen drehte sich der ganze Unterricht um das Thema »Wale«. Schließlich fassten Ben und die anderen gemeinsam den Entschluss, am Samstag in die Stadt zu gehen und einen Stand zum Thema »Rettet die Wale« zu machen. Dazu wollten sie Plakate malen und Informationsmaterial von Greenpeace verteilen. Svenja hatte zwar gemeint, es wäre peinlich, fremde Leute anzusprechen, aber Ben hatte erwidert: »Die Wale sind so wichtig, da müssen wir einfach drüber sprechen.«

Als Papa Ben am Samstag wecken wollte, fand er Bens Bett leer. Auf dem Kopfkissen lag ein Zettel: »Bin mit den anderen aus meiner Klasse in der Stadt. Wir retten die Wale!«

Frank Fischer

Pfingsten

AUSKLANG
Kindern das Pfingstfest zu erklären meint, selber von dem Pfingstgeschehen begeistert zu sein.

▶ **Pustebilder**

Ablauf: Mit Pinsel und Wasser wird Wasserfarbe angerührt und als dicker Farbtropfen auf das Papier gesetzt. Mit dem Trinkhalm wird nun so auf den Farbtropfen geblasen, dass die Farbe auseinander läuft. Mit ein wenig Übung gelingt es, die Tropfen in die Richtung zu pusten, in der man sie haben will, und so Formen, Muster und Motive zu erzeugen.

Mit der Puste werden Farbtropfen in Bewegung gebracht.
Alter der Kinder: 5-12 Jahre
Anzahl: beliebig
Zeitrahmen: 20 Minuten
Material: Malpapier, Wasserfarben, Trinkhalme

▶ **Gott, dein guter Geist**

Ablauf: Der Text wird gelesen. Dazu werden die bildhaften Elemente (Springbrunnen, Feuerwerk, Popcornmaschine) nachgespielt, die Elemente »Freude«, »Freund«, »Trost«, »Mut« und »Kraft« gestisch ausgedrückt. Die Gesten können im Gespräch mit den Kindern entwickelt werden.

Ritualisierter Sprechtext zum Abschluss der Thematik
Alter der Kinder: 5-12 Jahre
Anzahl: beliebig
Zeitrahmen: 5 Minuten
Material: nicht erforderlich

> *Gott, dein guter Geist*
> *lässt mich wie ein Springbrunnen sein.*
> *Wie aus einem Brunnen das Wasser sprudelt,*
> *so sprudelt aus mir die Freude darüber,*
> *dass du mein Freund bist.*
> *Schenk mir deinen Heiligen Geist, damit ich getröstet werde.*
>
> *Gott, dein guter Geist*
> *lässt mich wie ein Feuerwerk sein.*
> *Wie in einem Feuerwerk bunte Funken leuchten,*
> *so leuchtet in mir die Freude darüber,*
> *dass du mein Freund bist.*
>
> *Schenk mir deinen Heiligen Geist, damit ich Mut habe.*
> *Gott, dein guter Geist*
> *lässt mich wie eine Popcornmaschine sein.*
> *Wie aus der Maschine das Popcorn quellt,*
> *so quellt in mir die Freude darüber,*
> *dass du mein Freund bist.*
> *Schenk mir deinen Heiligen Geist, damit ich Kraft habe.*

erlebnisweg

Wasser

Wasser ist Leben

Wasser

Wann haben Sie das letzte Mal über Wasser gestaunt?
Es fällt leicht, in kurzer Zeit eine große Anzahl an Formen und Zuständen aufzuzählen, die das Element Wasser einnehmen kann. Das Wasser tritt aus der Erde als Quelle, bewegt sich als Fluss oder Bach, ergießt sich ins Meer, kommt als Welle oder Flut ans Land, bewegt sich aufwärts durch Verdunstung und abwärts als Regen, Schnee oder Hagel, verwandelt sich zu Eis oder Dampf, fliegt als Wolke davon.

Biblische Texte
Psalm 104,1-3
2 Mose 17,1-7
Johannes 4,1-42

Das Wasser ist ambivalent: Es bringt Leben hervor und erhält es, es bedroht das Leben aber auch und verschlingt es. Die Symbolik des Wassers schließt Tod und Wiedergeburt, Zerstörung und Neuanfang in sich ein. Besitzt das Wasser im Rahmen des Taufritus eine reinigende, säubernde Wirkung, so findet es in der Aussage Christi: »Ich bin das Wasser des Lebens« seine christologische Überhöhung.

Es ist bemerkenswert, dass Menschen aus dem mitteleuropäischen Kulturkreis zumeist nur dann über Wasser in den unterschiedlichsten Formen staunen, wenn es in ungewöhnlichen Mengen oder mit beeinträchtigenden Folgen in Erscheinung tritt. Die weiße Winterlandschaft mit ungewöhnlich viel Schnee oder die Überschwemmung mit einer Vielzahl von Opfern macht aufmerksam auf ein Element, das ansonsten gewöhnlich und beliebig verfügbar geworden scheint. Ein Mangelerlebnis, das die

Wasser

erlebnisweg

Wertschätzung für Wasser erhöhen könnte, gehört hierzulande zu den seltenen Erfahrungen. Das Gegenteil ist der Fall: Verschmutzung der Gewässer, Verschwendung von Trink- und Brauchwasser sind zum beklagenswerten Dauerzustand geworden.

Dabei ist der Mensch mit seinem Bedürfnis, Wasser zu sich zu nehmen, um leben zu können, eingebunden in einen grenzenlosen Kreislauf dieses Elementes: Wasser bewegt sich in einem komplexen natürlichen Kreislauf. Es durchströmt zur gleichen Zeit die Körper der Menschen und Lebewesen, aber auch Häuser, Fabriken, Dörfer und Städte. Der Mensch kann sich mit seinem eigenen Wasserkreislauf oder seinem Umgang mit Wasser nicht herausnehmen aus dem natürlichen Wasserkreislauf. Er bleibt darin eingeschlossen.

Wenn Gott dem Menschen im Schöpfungsauftrag aufträgt, sich die Erde untertan zu machen, gilt dies auch für das Wasser. Angesichts der vielfältigen Katastrophen erscheint es ratsam, an dieser Stelle von der Bewahrung des Wassers zu sprechen, um die lebensspendende Funktion für viele zu erhalten.

Die biblische Erzählung von der Begegnung Jesu mit der Frau aus Samarien am Brunnen, wie sie in Johannes 4, 1-42 geschildert wird, macht eine Bedeutung des Wassers deutlich, die die lebensspendende Eigenschaft noch anders deutet: Jesus selbst wird zum geistlichen Lebenswasser, das als innere Lebensquelle eines Menschen entdeckt werden und als sinnstiftende und lebensspendende Wasserquelle verstanden werden kann.

DIE SITUATION DER KINDER

Kinder erinnern von klein auf Erlebnisse, die sie mit Wasser gemacht haben. Je nach Umfeld des Aufwachsens werden dabei vorrangig die positiven Erlebnisse – Baden, Planschen, Wasser trägt und löscht den Durst, Schnee und Eis – oder die negativen – Durst, Mangel, Bedrohung oder Gefahr - aufbewahrt. In unserem mitteleuropäischen Umfeld sind es zum Glück eher die positiven Erlebnisse, auf die zurückgegriffen werden kann (trotz der »Jahrhundertflut« im September 2002).

Fernsehberichte, Bilder in Zeitungen oder Zeitschriften oder die dramaturgische Verwendung von Wasserkatastrophen in Zeichentrickfilmen oder Comicheften gehen nicht unbemerkt an Kindern vorbei. Die bedrohliche Seite des Wassers ist auch Kindern schon bekannt. Es braucht einen Raum, in dem auch die negativen Anteile des Wassers besprochen werden können.

Kinder sind sehr wohl in der Lage, die Problematik der Wasserverschwendung oder Wasservergeudung zu verstehen. Solche Beobachtungen wie auch die Nachrichten von Katastrophen, Berichte über wasserarme Länder regen Kinder nicht selten dazu an, nach Möglichkeiten zu fragen, achtsamer mit Wasser umzugehen. Hier ist der vorbildhafte Umgang mit dem kostbaren Gut seitens der Eltern und anderer wichtiger Bezugspersonen besonders gefragt. Wenn Kinder erleben, dass sich ihr Umfeld um einen sparsamen Umgang mit Wasser bemüht, werden sie dies gerne nachahmen.

Die christologische Übertragung vom Lebenswasser, dass aus der Quelle Jesus Christus fließt, ist von Kindern nicht einfach nachzuvollziehen. Mit der Übertragung »Durst löschen« können Kinder allerdings gut umgehen. Es scheint nicht leicht, den Begriff »Durst nach Leben« so zu füllen, dass er für Kinder verständlich wird. Die Übertragungen »Durst nach Sinn«, »Durst nach Geborgenheit«, »Durst nach Freundschaft mit Gott« können hier eine Hilfe sein, um das Anliegen der Frau aus Samarien und der suchenden Menschen heute für Kinder zu erschließen, auch wenn sie die ganze Dimension des »Wasser des Lebens« vielleicht noch nicht erschließen können.

Biblischer Zuspruch
Jesus spricht: Wer von dem Wasser trinkt, das ich ihm geben werde, wird in Ewigkeit keinen Durst mehr haben. Ich gebe ihm Wasser, das zu einer Quelle wird, die bis ins ewige Leben weiter sprudelt.

Kinder jeglichen Alters verfügen über viele »aufbewahrte« Wasser-Erfahrungen.

Kinder wissen um die bedrohliche Seite des Wassers. Es gilt, auch diese Erfahrungen zur Sprache zu bringen.

Kinder können Wasser schätzen lernen, wenn ihnen das Gut Wasser als schätzenswert nahegebracht wird.

Die Kinder kennen das quälende Gefühl des Durstes und wissen um die köstliche Erfahrung, den Durst zu stillen.

erlebnisweg
Wasser

SENSIBILISIERUNG
Kinder brauchen keine Aufforderung, um Erlebnisse und Erfahrungen mit Wasser zu machen! Sie warten nur auf die Möglichkeiten.

▶ Wasserspaziergang
Ablauf: Wenn die Möglichkeit besteht, bietet sich ein Spaziergang zu einem kleineren oder größeren fließenden Gewässer an. Mit gesammelten Holzteilen, Stöcken oder Rindenstücken können die Erfahrungen der Wasserkraft »das Wasser bewegt« und »das Wasser trägt« gemacht werden. Steht mehr Zeit zur Verfügung, kann eine Wassermühle oder ein Staudamm gebaut werden.

Wassererlebnis in der Natur
Alter der Kinder: 5-12 Jahre
Anzahl: beliebig
Zeitrahmen: 25 Minuten
Materialbedarf: Stöcke, Rindenteile, Taschenmesser

▶ Wassermuseum
Ablauf: Jedes Kind erhält Wassergefäße und geht damit auf die Suche nach Wasserquellen in der näheren Umgebung. Die Wasserproben werden dann beschriftet und zu einem Wassermuseum zusammengestellt. Anschließend tauschen sich die Kinder über die Erlebnisse beim Aufspüren und Sammeln des Wassers aus und staunen über die vielfältigen Quellen und Orte, an denen Wasser zu finden ist.

Tipp: Schmelzwasser / Blumenwasser etc. über einen längeren Zeitraum sammeln und dann mitbringen lassen.

Die Kinder erstellen ein Wassermuseum und entdecken dadurch die vielfältigen Wasserquellen der Umgebung.
Alter der Kinder: 5-12 Jahre
Anzahl: beliebig
Zeitrahmen: 5-25 Minuten
Material: Flaschen und andere Gefäße, Aufkleber, Stifte

▶ Durst
Ablauf: Die Kinder betrachten das Bild.

Fragen: *Was siehst du? Welche Geschichte kannst du zu dem Bild erzählen?*

Erweiterung: Die Kinder malen zu der Vorgeschichte ergänzende Bilder und setzen mit dem vorliegenden Bild die Geschichte fort. Es entsteht eine richtige Bildergeschichte. Die Kinder erfassen: Not entsteht, wo kein Wasser zur Verfügung steht.

Anhand eines Bildes wird eine Mangelsituation erfasst.
Alter der Kinder: 5-12 Jahre
Anzahl: beliebig
Zeitrahmen: 5-25 Minuten
Material: farbige Kopie der Bildvorlage auf Folie, Overheadprojektor

▶ Wasser-Geräusche
Ablauf: Die Kassette wird vorgespielt. Die Kinder benennen die Situation.

Variante: Jeweils ein Geräusch wird auf eine Kassette aufgenommen. Die Kinder müssen nun in einer Art Quiz jeweils die Geräusche zuordnen. Wer die meisten Zuordnungen richtig hat, gewinnt.

Über Geräusche werden die unterschiedlichen Zustände des Wassers wiedererkannt und beschrieben.
Alter der Kinder: 5-12 Jahre
Anzahl: beliebig
Zeitrahmen: 5 Minuten
Material: Geräusche, die mit Wasser zu tun haben und den Kindern aus der Alltäglichkeit bekannt sind, werden auf eine oder jeweils einzeln auf eine Kassette aufgenommen (Waschmaschine, Toilettenspülung, Wasserhahn, tropfender Wasserhahn, Regen etc.)

Wasser
erlebnisweg

▶ **Flaschophon**

Ablauf: Die Kinder füllen die Flaschen jeweils so hoch mit Wasser, dass unterschiedliche Töne entstehen, wenn die Flaschen mit einem Löffel oder einem Schlagstöckchen angeschlagen werden. Unterschiedliche Tonfolgen können so zusammengestellt werden. Mit ein wenig Übung gelingt es, einfache Melodien und Lieder zu spielen.

Variante: Die Töne lassen sich auch erzeugen, wenn über die Flaschenöffnung geblasen wird.

Mit Wasser wird Musik gemacht.
Alter der Kinder: 5-12 Jahre
Anzahl: beliebig
Zeitrahmen: 2 Minuten
Material: verschiedene Flaschen, Löffel oder Stöcke

BEWUSSTWERDUNG

Kindern den Wert des Wassers begreiflich zu machen meint, selber den Wert des Wassers zu begreifen.

▶ **Wasserbilder**

Ablauf: Die Kinder betrachten das Bild und werden aufgefordert, dazu eigene Erlebnisse und Geschichten zu erzählen. Die Bilder zeigen sowohl angenehme Wasser-Situationen als auch bedrohliche oder unangenehme.

Die Kinder entdecken die ambivalente Vielfalt des Wassers.

Die Vielfältigkeit des Elementes Wasser wird anhand von Bildern erfasst.
Alter der Kinder: 5-12 Jahre
Anzahl: beliebig
Zeitrahmen: 15 Minuten
Material: unterschiedliche Bilder, in denen Wasser vorkommt

▶ **Wüstenwanderung**

Ablauf: Die Kinder sitzen zunächst in einer Stuhlreihe, bewegen sich aber dann frei im Raum umher. Dazu kann nachfolgender Text gesprochen werden. Die kursiv eingeschobenen Vorschläge kennzeichnen Bewegungsmomente, die auf den Text erfolgen.

Die Kinder erleben eine Wüstenwanderung nach.
Alter der Kinder: 5-12 Jahre
Anzahl: beliebig
Zeitrahmen: 5 Minuten
Material: Decken, Getränke

Stellt Stühle in Reihen hintereinander auf und hängt euch Decken um – wegen der Sonne! Zuerst müsst ihr natürlich in die Wüste fahren. Ihr setzt euch auf die Stühle (das ist euer Wüstenbus) – und los geht es. Es hoppelt und wackelt *(Alle hopsen auf den Stühlen rum)* und der Wind bläst Staubwolken in den Bus *(Decken vors Gesicht halten)*. Eine Linkskurve *(Alle beugen sich nach rechts)* und eine Rechtskurve *(Alle beugen sich nach links)* und der Bus hält *(Alle beugen sich nach vorne)*. Ihr steigt aus eurem Gefährt aus *(Alle kommen von den Stühlen und bilden einen lockeren Kreis)*. Die Wüstenwanderung beginnt *(Alle laufen im Kreis)*. Hier liegen noch viele Steine herum *(Geht den Steinen aus dem Weg und weicht den Brocken aus)* und Sträucher und Büsche versperren den Weg *(Kriecht durch ein Gebüsch und springt über einen Strauch)*. Nun lichtet sich das Gelände. Der Boden wird sandiger. Es fällt euch etwas schwerer, über den sandigen Boden zu laufen *(Stapft etwas fester und hebt die Knie höher)*. Vor euch türmt sich eine Sanddüne auf. Ihr könnt nicht links und auch nicht rechts daran vorbei. Ihr müsst darüber klettern *(Tut so, als ob ihr mühsam einen Sandberg hochsteigt)*. Die Sonne scheint heiß *(Zieht euch die Decke über den Kopf und wischt euch mit der Hand den Schweiß von der Stirn)*. Ihr seid noch nicht oben angekommen. Noch ein paar Schritte. Geschafft! Was für eine Aussicht *(Stemmt die Hände in die Seiten und haltet eine Hand über die Augen)*: Sandberge, so weit das Auge reicht! Der Durst wird stärker. Ihr lauft auf der anderen Seite der Sanddüne herunter *(Lauft und haltet dabei die Decke fest)*. Der Sand ist richtig tief *(Stapft feste auf und zieht die Knie hoch an)*. Das Laufen fällt euch schwer und der Durst wird stärker. Ihr könnt nicht mehr gehen *(Kriecht auf allen Vieren weiter)*. Ihr könnt es ohne ein Getränk nicht mehr aushalten. Schließlich könnt ihr nicht mehr weiter *(Legt euch auf den Boden und zieht die Decke über euch)*. Da – ihr hört ein Geräusch *(Jemand gießt aus einer Kanne Flüssigkeit in ein Gefäß)*. Wasser! Ihr robbt zu der Quelle. Endlich trinken!

(Die Kinder erhalten einen Trinkbecher mit einem Getränk.)

erlebnisweg
Wasser

Durch den Umgang mit Wasser in Thailand können die Kinder die Wertschätzung für das Wasser erleben und nachvollziehen.

Alter der Kinder: 5-12 Jahre
Anzahl: beliebig
Zeitrahmen: 5-45 Minuten
Material: Rinden- oder Holzstücke, Kerzen- oder Teelichter, Naturmaterialien zum Schmücken der Schiffe

▶ **Loi-Krathong – Wasserfest in Thailand**

Ablauf: Die Kinder hören von dem thailändischen Fest und ahmen es nach.

Erläuterungstext:
»Krathong« nennt man in Thailand ein mit Lotusblüten und brennenden Kerzen geschmücktes Schiffchen. In einer Vollmondnacht im November gehen die Menschen in Thailand an einen Fluss oder an das Meer und machen der »Mutter Wasser« (so nennt man in Thailand das Wasser) mit diesem Schiffchen ein Geschenk. Die vielen schwimmenden Kerzen auf dem dunklen Wasser sehen sehr schön aus! In Thailand wird das Wasser verehrt, weil es die Grundlage allen Lebens ist. Mit dem Krathong bitten die Menschen das Wasser um Verzeihung dafür, dass sie es verschmutzen und verschwenden. Mit dem Fest Loi-Krathong sagen die Menschen dem Wasser »Danke«.

Aus den Rinden- oder Holzstücken erstellen die Kinder Schiffe, die mit Naturmaterialien zusätzlich geschmückt werden. Eine Kerze wird auf dem Schiff befestigt. Nach Möglichkeit gehen die Kinder zusammen an ein fließendes Gewässer und setzen ihre Schiffe aus. Dazu kann folgender Text gesprochen werden:

Das Wasser ist die mächtigste Kraft der Erde. In ihm offenbart Gott seine spielende Kraft: Wassertropfen – Tau – Regen, Quelle – Bach – Strom – Meer, Nebel – Wolken – Gewitter, Hagel – Reif – Schnee – Eis: wandelbar in Formen, unwandelbar im Wesen; ein überwältigendes Spiel.

(Zusatz: Schöpfergott, wir danken dir für das Geschenk des Wassers!)

Erlebnisweg Wasser

▶ **Lebenswasser**

Geschichte:

... Man hatte die drei Mauretanier in Savoyen herumgeführt. Ihr Führer hatte sie zu einem kräftigen Wasserfall gebracht, der wie eine geflochtene Säule herabfiel und dumpf rauschte. Er hatte sie aufgefordert zu kosten. Und es war süßes Wasser gewesen. Wasser!

Wie viele Tagesmärsche brauchte man hier, um den nächsten Brunnen zu erreichen? Wie viele Stunden lang musste man den Sand herausschippen, der ihn überweht hatte, um zu einer schlammigen Masse mit einer deutlichen Beimischung von Kamelharn zu gelangen ...

Dieses Wasser nun, das hier so karg ist, von dem in Port-Etienne in zehn Jahren kein Tropfen gefallen war, das kam dort nun dumpf rauschend geschossen, als wenn die Wasservorräte der ganzen Welt aus einem lecken Speicher auszulaufen drohten.

Der Führer sagte: »Gehen wir weiter«. Sie aber rührten sich nicht von der Stelle und baten nur: »Noch einen Augenblick!« Weiter sprach keiner ein Wort. Stumm und ernst schauten sie dem Ablauf dieses erhebenden Schauspiels zu. Hier lief aus dem Bauch des Berges das Leben selbst, der heilige Lebensstoff. Der Ertrag einer Sekunde hätte ganze verschmachtende Karawanen zum Leben erweckt, die ohne ihn auf nimmer Wiedersehen in der unendlichen Weite der Salzseen und Luftspiegelungen dahingegangen wären. Hier zeigte sich Gott sichtbar. Unmöglich war es, einfach gleich weiter zu gehen. Gott hatte die Schleusen seiner Macht geöffnet.

Antoine de Saint-Exupéry

Geschichte zum Thema Wertigkeit des Wassers

Hinweis: Die Geschichte eignet sich zur mündlichen Nacherzählung.

▶ **Tropf! Plätscher! Tropf!**

Ablauf: Die Kinder betrachten das Rätselbild. Dazu kann folgender Text gesprochen werden.

Text:

Wasser ist kostbar. Bei uns kommt das Wasser reichlich aus dem Hahn. Viele Menschen aber haben aber nicht genug Wasser. Wir können lernen, sparsam mit Wasser umzugehen. Auf dem Bild siehst du viele Möglichkeiten, Wasser zu sparen. Schau dir das Bild in Ruhe an und suche die Stellen, wo Wasser vergeudet wird. Überlege dir, wie Wasser gespart werden kann!

Die Kinder entdecken, wo und wie Wasser vergeudet wird, und erdenken Möglichkeiten, dagegen anzugehen.

Verschwendungssituationen werden in einem Rätselbild deutlich.

Alter der Kinder: 6-12 Jahre
Anzahl: beliebig
Zeitrahmen: 5 Minuten
Material: farbige Kopie der Bildvorlage auf Folie, Overheadprojektor

erlebnisweg
Wasser

ÜBERTRAGUNG

Kinder erfahren, dass Wasser nicht nur den Durst löscht, der von Hitze oder Anstrengung kommt. Sie hören, dass Jesus »Wasser des Lebens« genannt wird. Das mag für den Moment genügen.

Nacherzählung der Geschichte aus Johannes 4,1-42

▶ Wasser des Lebens

Geschichte:

Diese Begegnung werde ich nie vergessen! Willst du hören, was ich erlebt habe? – Ich stand am Brunnen vor der Stadt und schaute hinunter in die Tiefe. Geheimnisvoll plätscherte das Wasser da unten im Brunnen. Ich verspürte Durst nach diesem Wasser, das so klar und lebendig zu mir herauf glitzerte. Es war heiß! Warum ging eine Frau wie ich auch in der größten Mittagshitze an den Brunnen, um Wasser zu holen? Die anderen Frauen holten ihr Wasser am Abend, wenn es kühl geworden war.

Ich aber konnte die vorwurfsvollen und geringschätzenden Blicke der anderen Frauen nicht ertragen. Ich lebte nicht so, wie es nach den Gesetzen richtig gewesen wäre, und deshalb verachteten sie mich! War es denn so schlimm, den Durst nach einem glücklichen Leben zu stillen?

»Gib mir zu trinken!« Die Stimme eines Fremden holte mich aus meinen Gedanken. Wer redete mich da an? Es war ein Jude, das konnte ich an seiner Kleidung erkennen. Aber jüdische Männer redeten doch nicht mit einer Frau wie mir! Und dann sagte er diesen Satz: »Wenn du wüsstest, wer ich bin, würdest du mich um lebendiges Wasser bitten!« Damals konnte ich ihn nicht verstehen! Er hatte nicht einmal eine Schöpfkelle bei sich! Wie sollte er mir dann Wasser geben? Und lebendiges Wasser? Das Wasser in unserem Brunnen war zwar sehr gut und der Brunnen war ein besonderer Brunnen! Schließlich hatte einer der großen Vorfahren, Jakob, vor langer Zeit schon Wasser aus diesem Brunnen geschöpft. Aber lebendiges Wasser war es auch damals nicht gewesen. Und was sollte dieser Jude mehr können als der berühmte Vorfahre?

Der Fremde musste meinen zweifelnden Blick gesehen haben. »Das Wasser aus diesem Brunnen stillt deinen Durst, aber du musst immer wiederkommen, um neues Wasser zu schöpfen. Das Wasser, das ich dir geben kann, ist Lebenswasser von Gott; es stillt deinen Durst nach Leben!« – Woher wusste dieser Mensch von meinem Suchen nach dem, was meinem Leben Sinn gibt? Aber von diesem Lebenswasser wollte ich trinken! Ich bat ihn: »Gib mir solches Wasser!« Und dann sagte er: »Das Wasser, das ich dir geben kann, kommt von Gott. Ich bin Jesus, der Erlöser, auf den du wartest.« Dann habe ich verstanden: Wenn ich an diesen Jesus glaube, ist es so, als würde ich das Wasser des Lebens trinken.

Ich bin dann sofort ins Dorf gelaufen und habe es den anderen erzählt. So war das damals ...

Ulrich Walter

Der Durst nach Gott wird exemplarisch formuliert und auf die Reise geschickt.

Alter der Kinder: 5-12 Jahre
Anzahl: beliebig
Zeitrahmen: 25 Minuten
Material: Walnussschalen, Kerzenreste, Dochtstücke, Wasserbecken

▶ Durst nach Gott

Ablauf: Die Kerzenreste werden geschmolzen und das flüssige Wachs in die Walnussschalen gefüllt. Ein Dochtstück wird in dem erkaltenden Wachs befestigt. Ist der Wachs ausgehärtet, stellen sich die Kinder im Kreis um das Wasserbecken. Nach und nach werden die Walnussschiffe angezündet und in das Becken gesetzt, der Raum wird dazu abgedunkelt. Folgender Text kann dazu gesprochen werden.

erlebnisweg

Wasser

▶ **Gebet**

Gott!
Du bist mein Gott, dich suche ich!
Ich sehne mich nach dir mit Leib und Seele;
ich dürste nach dir wie ausgedörrtes, wasserloses Land.
Deine Liebe bedeutet mir mehr als das Leben, darum will ich dich preisen.
Mein Leben lang will ich dir danken und dir meine Hände im Gebet entgegenstrecken.

Du machst mich satt und glücklich wie bei einem Festmahl;
mit jubelnden Lippen preise ich dich.
In nächtlichen Stunden, auf meinem Bett, wandern meine Gedanken zu dir, und betend sinne ich über dich nach.
Ja, du hast mir geholfen, im Schutz deiner Flügel kann ich vor Freude singen.
Ich halte mich ganz eng an dich, und du stützt mich mit deiner mächtigen Hand.

Psalm 63,2 und 4-9

Die Kinder hören, dass es einen Durst nach Gott gibt. Sie entdecken, dass Menschen sich nach Gott sehnen wie ein Durstiger nach Wasser.

AUSKLANG

Kinder können sorgsam mit Wasser umgehen. Aber nur, wenn wir ihnen vorleben, wie es geht.

▶ **Nassbilder**

Ablauf: Jedes Kind erhält einen Bogen Malpapier und einen Pinsel. Zunächst wird das Papier gut befeuchtet. Dann haben die Kinder Zeit, zur Musik der »Moldau« ein Bild zu malen, auf dem die Farben ineinander verschwimmen. Die Bilder werden zum Trocknen über die Heizung oder in die Sonne gelegt.

Die Kinder malen mit Wasserfarben zur Musik.
Alter der Kinder: 5-12 Jahre
Anzahl: beliebig
Zeitrahmen: 15 Minuten
Material: Aquarellpapier, Wasserfarben, Pinsel

▶ **Gebet – In Anlehnung an Psalm 104,10-13**

Hinweis: Zu dem Gebet kann als Geräuschunterstützung aus einer Schale Wasser geschöpft und in ein Gefäß gegossen werden.

Mit dem Gebet wird der Dank an den Schöpfergott ausgedrückt.

▶ **Gebet**

Du, Gott, bist es,
der Quellen entspringen und zu Bächen werden lässt.
Zwischen den Bergen suchen sie ihren Weg.
Sie dienen den Tieren und den Menschen als Tränke.
Dort löschen alle Kreaturen ihren Durst.
An den Ufern bauen die Vögel ihre Nester.

Vom Himmel her schickst du den Regen auf die Erde.
Du lässt das Gras sprießen für das Vieh.
Und du lässt die Pflanzen wachsen, die der Mensch für sich anbaut, damit die Ähre ihm Nahrung gibt.
Wir danken dir für alles Leben, das von dir kommt.

erlebnisweg

Bilder von Gott

Gott ist wie …

Bilder von Gott

Nett hatte sie am Telefon geklungen. Genauso hatte er sich ihre Stimme vorgestellt. Ein wenig dunkel, samtig, vollklingend. Ihre Mails hatten sich schon so gelesen. Tiefsinnig, mit einem hintergründigen Humor. Bestimmt mag sie Rosen, denkt er und schüttelt ein welkes Blatt aus dem Strauß. Darüber hatten sie in den drei Monaten nie geschrieben. Er hat ein wenig übertrieben. Eigentlich hätte er nur eine Erkennungsrose mitbringen sollen. Er blickt auf die Uhr. Für 18.00 Uhr am Haupteingang hatten sie sich vor drei Tagen verabredet. Bestimmt brünett, denkt er. Bestimmt pünktlich. Aus dem Bus steigt eine blaue Sommerjacke. In der Hand hält sie eine rote Rose. Er stößt sich von der Wand ab und geht auf sie zu. Sie ist kleiner, als ich gedacht habe, denkt er. Dann stehen sie sich zum ersten Mal gegenüber.

Bilder sind konstruierte oder erinnerte Abbildungen einer Wirklichkeit, die sich für den Moment oder grundsätzlich der subjektiven Wahrnehmung entzieht. Menschen brauchen Bilder, um Wirklichkeit erfassen und beschreiben zu können. Vorstellungen von etwas oder jemandem beruhen auf einer komplexen Mehrzahl einzelner Bilder.

Haben Sie schon mal ein Blind Date gehabt? Sind Sie schon mal in einen Urlaubsort gefahren, den Sie vorher nur im Katalog eines Reiseanbieters gesehen haben? Bilder, ob im wörtlichen Sinne Fotos und Gemälde oder im übertragenen Sinne Vorstellungen,

Biblische Texte
Psalm 32,7
Psalm 36,10a
Psalm 91,1-2
Psalm 104,3b

Bilder von Gott

erlebnisweg

Biblischer Zuspruch
Du bist mein Schirm, du wirst mich vor Angst behüten. (Psalm 32,7)

entsprechen der Wirklichkeit nie ganz. Der Betrachter des Bildes nimmt mit dem Bild immer nur einen Teil, ein Abbild einer für ihn momentan oder grundsätzlich verborgenen Wirklichkeit wahr.

Bilder sind deshalb eine heikle Angelegenheit. Besonders dann, wenn der Betrachter sie für die ganze Wirklichkeit nimmt. Oder dann, wenn sie ein einseitiges und damit falsches Bild von Wirklichkeit vermitteln. Dennoch braucht der Mensch Bilder. Ohne Bilder und Vorstellungen ist ein Leben in einer nie gänzlich erfassbaren Wirklichkeit gar nicht möglich. Ganz zu schweigen von den Bildern, die eine Erinnerung zusammenfügen. Das, was der Mensch nicht gänzlich erkennen oder erfassen kann, bildet er sich unter Zuhilfenahme von Bildkonstrukten und Bildvergleichen in seiner Vorstellung ab und macht es sich damit zugänglich.

Gott ist für den glaubenden Menschen eine allumfassende Wirklichkeit, die er nie gänzlich erkennen und erfassen kann. Um sich Gott annähern zu können, braucht der Mensch Bilder. Damit sind keine goldenen Kälber gemeint, die einen wirklichen Gott ersetzen, sondern Bildvergleiche, die eine Annäherung an diesen lebendigen, wirklichen Gott ermöglichen. Die Bibel und insbesondere die Psalmen sind voll dieser Bildvergleiche. Jeder Mensch trägt eine Vorstellung von Gott, ein Gottesbild, mit sich, das er in seiner Lebensgeschichte erworben hat. Oft sind diese Gottesbilder bedrohlich und einseitig und verhindern einen unbelasteten Zugang zu Gott. Religionspädagogisch ist die Vermittlung, der Erwerb und die Veränderung von Gottesbildern deshalb von entscheidender Bedeutung. Gott bleibt dabei im gewissen Sinn immer der verborgene Gott. Und doch lässt er sich finden in allen Wirklichkeiten, die den Menschen betreffen.

DIE SITUATION DER KINDER

Kinder verfügen in den meisten Fällen über Bilder von Gott. Sei es, dass sie diese in bildhaften Darstellungen schon gesehen haben; sei es, dass sie diese in den ersten Lebensjahren schon vermittelt bekommen haben. Zumeist sind es personengebundene Vorstellungen wie Gott als Vater oder Mutter und Gott als Freund. Vergleichende Bilder von Dingen oder Orten, die eine Wesensart Gottes illustrieren, sind deshalb von Kindern nicht immer sofort zu verstehen und zuweilen widersprüchlich oder doppeldeutig belegt. Der Begleitende ist gefordert, in einfacher Sprache, erlebnis- und erfahrungsorientiert Kindern von Gott zu erzählen und dabei vorhandene Vorstellungen aufzunehmen, zu ergänzen und zu bereichern.

Sind die Bilder, die Sie zur Erklärung von Gottes Wesensart verwenden wollen, für Kinder verständlich? Sind sie eindeutig?

Wenn ich Kindern Gott vorstellen möchte, muss ich sensibel und behutsam auf die vorhandenen Vorstellungen eingehen.

Kinder fragen direkt. Sie haben keine Scheu, mögliche und unmögliche Fragen zu Gott zu stellen und Bilder zu bemühen, die den Begleitenden fremd erscheinen. Die Fragen der Kinder und ihre unvoreingenommene Neugier sind Ansatzpunkte, um in ein gemeinsames Nachdenken und Vorstellen zu kommen. Wenn ich begleiten möchte, muss ich mir meiner eigenen Gottesbilder bewusst sein. Nicht selten werden die eigenen Vorstellungen dabei in Frage gestellt, geweitet und bereichert. Das kann zu Verunsicherungen führen, die meinen Umgang mit den anfragenden Bildern belasten. Oder haben Sie sich Gott schon mal als heiße Dusche oder Nebel vorgestellt?

Können Sie mit direkten und kritischen Fragen der Kinder, die ihr eigenes Gottesbild betreffen, umgehen?

Wenn ich Kindern von Gott erzählen möchte, muss ich mir über mein eigenes Gottesbild im Klaren sein.

Es ist der Sensibilität und Behutsamkeit zuträglich zu wissen, dass in der Vermittlung von Gottesbildern Wirkungen verborgen sind, die ein ganzes Leben lang anhalten können. Es bedarf der kritischen Anfrage an jeden Bildvergleich.

Wenn ich Kindern Gott vorstelle, bewege ich mich in einem Vermittlungsrahmen von lebenslanger Bedeutung.

erlebnisweg
Bilder von Gott

SENSIBILISIERUNG
Um über Gott in Bildern zu sprechen, muss ich eigene Bilder in mir entdecken.

Kinder entdecken Bildvorstellungen und fügen diese zu einem neuen Bild zusammen.
Alter der Kinder: 4-12 Jahre
Anzahl: beliebig
Zeitrahmen: 10 Minuten
Material: Blätter, Stifte

▶ **Krokofant und Eledil**
Ablauf: Die Kinder bekommen Blätter und Stifte und sollen „Fantasietiere" malen. Lediglich der Name der Tiere ist vorgegeben. Dieser greift auf bekannte Tiere zurück. Die Kinder malen die Tiere und stellen danach einander die Bilder vor.
Variante: Der Begleitende zeichnet, und die Kinder bestimmen durch Zuruf das Aussehen des Fantasietieres.

Tiernamen: *Krokofant, Eledil, Huhnd, Kuhtze, Kängeraffe, Pinguhase etc.*

Die Kinder malen ein Bild von etwas, von dem es kein Bild geben kann.
Alter der Kinder: 6-12 Jahre
Anzahl: beliebig
Zeitrahmen: 10 Minuten
Material: Blätter, Stifte

▶ **Male einen Wind**
Ablauf: Die Kinder malen ein Bild vom Wind. Dann werden die Bilder gemeinsam angeschaut. Es wird deutlich: Wind kann man sich nur an seinen Auswirkungen deutlich machen. Es gibt Dinge, von denen es keine Bilder gibt.

Fragen für einen Austausch:
Wie würdest du »Liebe«, »Freude«, »Wut« malen?
Gibt es die Dinge, von denen es kein Bild gibt, auch in Wirklichkeit nicht?

Die Kinder erleben die schützende und die verteidigende Funktion einer Burg.
Alter der Kinder: 5-12 Jahre
Anzahl: beliebig
Zeitrahmen: 10 Minuten
Material: nicht erforderlich

▶ **Burgfangen**
Ablauf: Immer vier Spieler bilden zusammen eine Spielgruppe. Drei davon halten sich gegenseitig an den Händen und bilden die Burg. Einer der Spieler ist das Burgfräulein, die anderen beiden bilden die Burgmauer. Der vierte Spieler ist der schwarze Ritter, der die Burg erobern will. Auf ein Signal versucht der schwarze Ritter, das Burgfräulein abzuschlagen. Die Burg dreht und wendet sich aber so, dass die Burgmauer zwischen das Burgfräulein und den Ritter gerät. Dabei müssen sich die Burgspieler natürlich weiter an den Händen halten. Plötzlich wendet sich das Blatt. Auf ein zweites Signal wird aus der Burg eine Dreierkette, die den schwarzen Ritter fangen kann. Dabei darf der Ritter nur von einer freien Hand in der Dreierkette abgeschlagen werden.
Variante: Wenn das Spiel mit mehreren Burgen und Rittern gespielt wird, können die Ritter von allen Burggruppen abgeschlagen werden.

erlebnisweg
Bilder von Gott

BEWUSSTWERDUNG
Um von Gott in Bildern zu sprechen, muss ich vorhandene Bilder verstehen.

▶ **Poster-Puzzle**
Ablauf: Die Kinder puzzeln das Posterbild zusammen. Im Gespräch wird entdeckt, welche einzelnen Bilder abgebildet sind.

Die Kinder setzen ein Bilder-Puzzle zusammen und entdecken: Für Gott gibt es viele Bilder.
Alter der Kinder: 5-12 Jahre
Anzahl: beliebig
Zeitrahmen: 10 Minuten
Material: Farbkopie des Posters, zerschnitten in Puzzle-Teile

▶ **Posterbetrachtung mit Text**
Ablauf: Je nach Alter der Kinder kann frei assoziiert oder auf die Aussagen der Kinder zurückgegriffen werden.

Das Mädchen im Baumhaus sagt: *Für mich ist Gott wie ein Baumhaus, in dem ich mich verkriechen kann.*
Die beiden Jungen am Baum sagen: *Für uns ist Gott wie ein Freund.*
Das Mädchen in Bauchlage sagt: *Für mich ist Gott wie die Sonne, die mich wärmt.*
Der Junge am Seeufer sagt: *Für mich ist Gott wie ein Felsstein, auf dem ich Halt habe.*

Fragen: *Was hat die Burg mit Gott zu tun?*
Fallen dir noch andere Bilder für Gott ein?

Die Bilder auf dem Poster werden in eigene Bilder hinein übertragen.
Alter der Kinder: 5-12 Jahre
Anzahl: beliebig
Zeitrahmen: 10 Minuten
Material: Posterbild

▶ **Mein Gott ...**
Ablauf: Die Kinder denken sich Bewegungen zu den Strophen aus (s. S. 62).

erlebnisweg
Bilder von Gott

Lied zum Thema
Alter der Kinder: 4-12 Jahre
Anzahl: beliebig
Zeitrahmen: 10 Minuten
Material: kein Material erforderlich

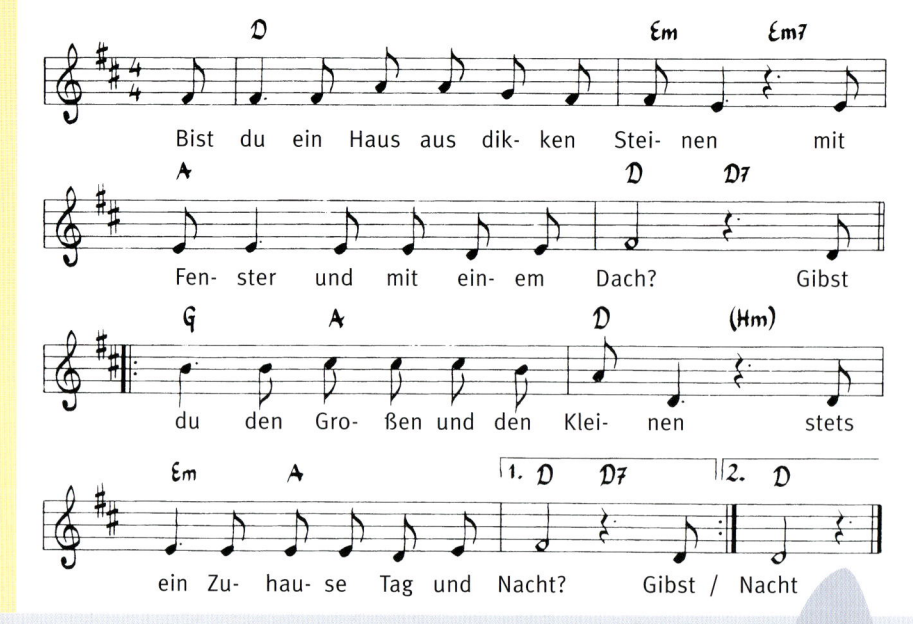

Bist du ein Haus aus dicken Steinen mit Fenster und mit einem Dach? Gibst du den Großen und den Kleinen stets ein Zuhause Tag und Nacht? Gibst / Nacht

2. Bist du ein Licht mit bunten Strahlen,
das meinen Weg erhellt?
Kann ich dich wie die Sonne malen,
die morgens in mein Zimmer fällt?

3. Bist du ein Lied, das alle singen,
weil seine Melodie so schön,
bei dem wir lachen, tanzen, springen
und lauter gute Dinge sehn?

4. Bist du ein Schiff mit starken Masten,
das auch im größten Sturm nicht sinkt,
und allen, die in Angst geraten,
die wunderbare Rettung bringt?

5. Bist du ein Freund, dem ich vertraue
und dem ich alles sagen kann,
mit dem ich eine Bude baue
und über Mauern springen kann?

6. Bist du wie eine Kuschelecke?
Ich kuschel mich in sie hinein.
Und wenn ich in der Decke stecke,
dann schlaf ich ganz zufrieden ein.

7. Refrain
Mein Gott! Ich kann dich gar nicht sehen,
und doch sagst du: Ich bin bei dir.
Mein Gott! Wie soll ich das verstehen?
Ich bitte dich: Komm, zeig es mir!

Text: Reinhard Bäcker; Musik: Detlev Jöcker
Aus: Viele kleine Leute, © Menschenkinder Verlag, Münster

ÜBERTRAGUNG
Um die Bildvergleiche verstehen zu können, muss ich sie erleben.

▶ **Wie kann Gott denn da sein?**

Geschichte: Amelie konnte es nicht mehr aushalten. »Marijke«, rief sie leise, und, als sie von ihrer großen Schwester immer noch nichts hörte, noch einmal lauter: »Marijke, wach doch auf!« Im Bett über ihr regte es sich. Wie ein Schatten auf der dunkelgrauen Zimmerdecke tauchte Marijkes Kopf Stück für Stück neben der Bettkante auf. »Mama hat nicht mit uns gebetet«, beklagte sich Amelie »Du hast Recht«, fing Marijke an, »sie hat es vielleicht vergessen und ...« Amelie unterbrach sie entrüstet: »Das kann man doch nicht vergessen!« Mama und Papa waren an diesem Abend ins Theater gegangen. Es könne spät werden, hatten sie gesagt. »Du kannst zu mir rauf kommen«, bot Marijke an, »und dann bete ich!« Amelie krabbelte schnell aus dem Bett, kletterte die Leiter hoch und schlüpfte unter die Decke. Nachdem Marijke

erlebnisweg
Bilder von Gott

ein Nachtgebet gesprochen hatte, kuschelte Amelie sich noch enger an ihre Schwester. Dann flüsterte sie leise: »Ich kann den Gott doch gar nicht sehen. Woher soll ich denn wissen, dass der da ist?«

Für einen Moment wurde es ganz still im Zimmer. Dann setzte Marijke sich plötzlich auf. »Als du noch klein warst und im anderen Zimmer geschlafen hast, habe ich Mama das auch gefragt«, sagte sie. »Und weißt du, was Mama gemacht hat?« Amelie schüttelte den Kopf. »Sie hat mich auf den Arm genommen und an das Fenster getragen. Komm mit ans Fenster!« Die beiden Mädchen kletterten die Leiter herab und zogen den Vorhang vor dem Fenster zur Seite. Draußen stand düster die große Fichte. Die Zweige bewegten sich im Wind. Marijke drehte sich zu Amelie: »Kannst du den Wind sehen?, hat Mama mich gefragt. Zuerst wollte ich sagen: Klar, da an den Zweigen seh ich den Wind natürlich! Aber dann habe ich noch einmal überlegt. Den Wind kann man gar nicht sehen, sondern nur das, was er macht.« Amelie hatte den Kopf auf die Seite gedreht, kaute auf dem Zeigefinger und überlegte angestrengt. »Mama hat gesagt«, fuhr Marijke fort, »dass es so mit Gott ist: Wir können ihn nicht sehen. Trotzdem ist er da. Wir können ihn spüren wie den Wind auf unserer Haut oder die Sonne, die uns wärmt. Wenn wir unsere Augen und Ohren aber ein bisschen aufmachen, dann entdecken wir überall ein Stückchen von ihm!« Marijke und Amelie waren längst wieder ins obere Bett gekrochen. Marijke wollte sich gerade auf die Seite drehen, als Amelie flüsterte: »Wenn ich bei dir mit im Bett liegen kann, ist das ein bisschen so, als wenn ich mich an Gott kuscheln darf.«

▶ **Puzzle-Gebet**

Ablauf: Die Kinder betrachten das Bild und setzen das Gedicht zusammen.

Anleitungsvorschlag: Lisa hat ein tolles Gebet gefunden. Es handelt davon, wie Gott ist. Ihr sind die Verse aber ein bisschen durcheinander geraten. Jetzt hockt sie auf dem Fußboden und versucht, das Gebet wieder zusammenzusetzen. Hilfst du ihr dabei? Am einfachsten ist es, du holst dir Zettel und Stift und schreibst das Gebet in der richtigen Reihenfolge auf. Der erste Vers beginnt mit »Wie der Vater ...« und der letzte Vers mit »Ich könnt ihm ...«. An die sechs Versanfänge hängst du einfach den richtigen Reim an. Wenn du das Gebet zusammengesetzt hast, kannst du es jemandem vorlesen. Oder du überlegst dir gleich weitere Reime.

Alter der Kinder: 4-12 Jahre
Anzahl: beliebig
Zeitrahmen: 10 Minuten
Material: Bildvorlage, ggf. zu einem Puzzle gestaltet

▶ **Sofort-Bild**

Ablauf: Die Kinder gehen mit Begleitung auf einen Spaziergang. Mit der Kamera fotografieren sie Gegenstände, Dinge aus dem Umfeld, die sie in Verbindung mit einer Eigenschaft Gottes bringen können. Das kann die Laterne an der Straße oder die Telefonzelle an der Ecke sein. Im Anschluss werden die Bilder zu einer Bild-Collage »Gott ist wie ...« zusammengefügt und mit kurzen Erklärungstexten versehen.

Die Kinder entdecken in der Umgebung Dinge, die sie mit Gott vergleichend in Verbindung bringen.
Alter der Kinder: 8-12 Jahre
Anzahl: beliebig
Zeitrahmen: 20 Minuten
Material: Blätter, Stifte, Sofortbild-Kamera

erlebnisweg
Bilder von Gott

Die Kinder entdecken: Der Schöpfergott ist in der Vielfalt seiner Schöpfung zu entdecken.
Alter der Kinder: 6-12 Jahre
Anzahl: beliebig
Zeitrahmen: 20 Minuten
Material: kein Material erforderlich

▶ **Fühlen, Riechen, Sehen**
Ablauf: Die Kinder teilen sich ggf. in drei Gruppen auf und machen einen Spaziergang durch den Park oder den Wald. Die Kinder fühlen mit geschlossenen Augen an Bäumen, Blumen und Büschen. Sie riechen an Pflanzen, die im Wald oder im Park wachsen, und sie betrachten die vielfältigen Farben und Formen genau. In einem anschließenden Gespräch tauschen sich die Kinder aus.
Fragen:
Wie viele unterschiedliche Farben hast du gesehen?
Wie viele Gerüche hast du wahrgenommen?
An welche unterschiedlichen Formen kannst du dich erinnern?

AUSKLANG
Die Bildvergleiche müssen einen Zugang entfalten, der mit in den Alltag geht.

Die Kinder entdecken den Zuspruch: Gott ist wie eine Burg.
Alter der Kinder: 5-12 Jahre
Anzahl: beliebig
Zeitrahmen: 5 Minuten
Material: kein Material erforderlich

▶ **Zuspruch**
Ablauf: Der Text wird den Kindern zugesprochen.

Guter Gott, du bist wie eine Burg.
Deine starken Arme sind wie eine Mauer.
Du schützt mich.

Guter Gott, du bist wie eine Burg.
Wenn ich bedroht werde und Angst habe,
fühle ich mich bei dir geborgen.

Guter Gott, du bist wie eine Burg.
Wenn mir der Mut fehlt, komme ich zu dir.
Du stärkst mich.

erlebnisweg
Bilder von Gott

▶ **Turm-Rätsel**

Ablauf: Die Kinder bekommen die Vorlage und lösen das Rätsel. Alle Buchstaben, die dreimal oder mehr vorkommen, werden weggestrichen.

Die Kinder lösen ein Rätsel und finden einen Zuspruch.

Alter der Kinder: 6-12 Jahre
Anzahl: beliebig
Zeitrahmen: 8 Minuten
Material: Kopien der Vorlage

X	Z	F	L	P	B	Y	N	Q	D
S	D	C	G	H	O	U	T	N	Z
A	L	I	W	Q	Z	F	M	Ö	Y
V	Y	N	P	O	M	J	X	A	F
D	G	Ö	X	J	G	L	P	B	M
S	W	T	Ä	M	R	I	K	E	Ö
I	V	W	N	J	G	A	V	B	O

Puzzleteile:
- Wie der Vater wie ein Freund...
- Wie die Mutter die mich liebt...
- Wie der Sonnenstrahl am Morgen...
- Wie der Wind in grosser Hitze
- Wie der Funken in der Nacht...
- Ich könnt' ihm tausend Namen geben...
- So ist Gott in meinem Leben!
- Der vertreibt die dunklen Sorgen
- Der es gut mit mir meint
- Der ein helles Licht entfacht
- Die mir was ich brauche gibt
- Wenn ich schon ganz schrecklich schwitze

erlebnisweg

Stille erleben

Einfach da sein – Auszeit

Stille erleben
»Das ist ein wunderbarer Moment der Stille!«
Halten Sie doch einmal für einen kurzen Augenblick inne: Wann können Sie den obigen Satz aus vollem Herzen sprechen? In welcher Umgebung sind Sie dann? Was sehen und hören Sie? Was ist da – und was ist nicht da? Was bedeuten Ihnen diese Momente der Stille?

Biblische Texte
Lukas 10,38-42:
Markus 1,35-39:
Matthäus 6,25-34:

Stille bedeutet mehr als die Abwesenheit von Lärm. Stille meint auch die Verlangsamung des Tuns. Sie ist weder in den Dimensionen des Raumes noch der Zeit zu erfassen, sie wird aber innerhalb von Raum und Zeit je eigen erlebt. Allgemein wird der Stille eine wohltuende und regenerierende Wirkung zugeschrieben.

Geht es Ihnen genauso? Je deutlicher der Lärm seine belastenden Auswirkungen im Alltag zeigt, desto erstrebenswerter erscheint die Stille und umso schwieriger sind Oasen der Ruhe zu schaffen und zu bewahren. Momente der Stille erhöhen die Lebensqualität beträchtlich. Wohltuend ist die Abwendung vom ununterbrochenen produktiven Schaffen und die bewusste Hinwendung zu besinnlichen Erlebnisräumen ohne Geräuschkulisse. Der Mensch ist ganz und gar mit sich und hat den Raum und die Zeit, sich mit anderem und anderen auseinander zu setzen. Das Zulassen solcher Stille ist oft nicht einfach, meint es doch auch, sich frei von Ablenkung auf das Empfinden von selbst gesuchter Einsamkeit einzulassen.

erlebnisweg
Stille erleben

Denken Sie sich die Stille einmal als ein Fenster zu sich selbst. Der stille Mensch lehnt sich durch das Fenster dieser Stille hinaus in die Welt seiner Gedanken, Sehnsüchte, Träume, Ängste und Hoffnungen und verschafft sich so Zugang zu dem eigenen Erleben von Vertrauen und Misstrauen, Glauben und Zweifel. Gleichzusetzen ist ein solches intensives Erlebnis von Stille und das Erfahren göttlicher Gegenwart im christlichen Sinne sicher nicht. Der stille Mensch kann aber die Fragen und Gedanken hören, die ihn zu sich selbst und zu einem gegenwärtigen Gott in Beziehung setzen.

Biblischer Zuspruch
Gott hält die Zeit in Händen und ist beständig da.

DIE SITUATION DER KINDER

Denken Sie für einen Moment an die Kinder, mit denen Sie es zu tun haben. Wie erleben Sie die Kinder in ihrem Umgang mit der Stille? Gerade Kinder vermögen zeitlos im Hier und Jetzt zu versinken und einfach zweckfrei da zu sein. Kinder erleben ja beides oft beinahe gleichzeitig: Bewegungsdrang und Ruhebedürfnis, Ablenkung und Konzentration, laute Aktivität und beruhigende Stille. In der angefüllten Alltagswelt fällt es vielen Kindern aber immer schwerer, die Momente der Stille aufzuspüren, auszuhalten und zu genießen. Kinder brauchen eine Hilfestellung, um die Haltung der selbstbezogenen Einkehr einzuüben, um die je innere Welt kennen zu lernen, die je eigene Kreativität und Fantasie zu entdecken und zu entfalten. Dass so verstandene Stille mit den Kindern nicht gleich gelingt, muss uns nicht irritieren: Auf dem Weg in die Stille darf es bei den spielerischen Übungen, Aktionen und Experimenten auch ruhig einmal laut zugehen ...

Kinder brauchen unsere Hilfestellung, die Haltung der Stille einzuüben.

Kinder finden Zugang zu dem, was ihnen vorgelebt wird. Das ist eine echte Herausforderung. Arbeit mit Kindern zum Thema »Stille – Einfach da sein – Auszeit« erfordert darum die Arbeit am eigenen Zugang zur Stille, am eigenen Umgang mit der Auszeit, am eigenen Vermögen, einfach da zu sein. Gelingt es Ihnen, Ihre Haltung der Stille in die Beziehung zu den Kindern hinein zu leben?

Stille muss in die Beziehung mit dem Kind hineingelebt werden.

- Gelingt es Ihnen, vor den Kindern zu schweigen? Oder herrscht das Gefühl vor, die Stille unterbrechen und füllen zu müssen?
- Gelingt es Ihnen, mit den Kindern still zu sein? Dominiert das Gefühl, reden zu müssen, um einander zu verstehen?
- Gelingt es Ihnen, den Kindern zuzuhören und still zu sein, wenn diese sprechen wollen? Besteht der Eindruck, unterbrechen zu müssen?
- Gelingt es Ihnen, mit den Kindern nichts zu tun? Spüren Sie die innere Unruhe, ständig etwas Sinnvolles tun zu müssen?
- Gelingt es Ihnen, gefüllte Zeit in Zufriedenheit mit sich selbst zu verbringen? Entsteht das Bedürfnis, ständig in Gesellschaft zu sein?

Die Bereitschaft und das Vermögen der Kinder, Stille zu erleben, ist nicht allein von der vorgelebten Haltung der Stille abhängig. Die Gestaltung des Raumes, der zeitliche Rahmen und die anderen Kinder in der Gruppe spielen dabei ebenfalls eine wesentliche Rolle.

Das Erlebnis der Stille ist abhängig von der Gestaltung des Raumes, dem zeitlichen Rahmen und den Kindern in der Gruppe.

- Können Sie einen Raum gestalten, in dem sich jedes Kind einen Ort suchen kann, an dem es die Stille als angenehm erlebt?
- Können Sie eine Zeitspanne bereitstellen, in der jedes Kind ausreichend Zeit hat, um ungestört Stille zu erleben?
- Kennen Sie die Kinder in der Gruppe so gut, dass Sie einschätzen können, wie welches Kind auf die Herausforderung, Stille zu erleben, reagiert?
- Kennen Sie die Kinder in der Gruppe so gut, dass Sie einschätzen können, welches Kind welche Unterstützung erleben will?

erlebnisweg
Stille erleben

SENSIBILISIERUNG

Kinder in die Stille begleiten meint, ihre innere Bereitschaft zur Stille zu wecken und sie einzuladen, still zu werden.

Ritualisiertes Moment des Ankommens im Raum und Moment der Stille
Alter der Kinder: 5-12 Jahre
Anzahl: 2-20
Zeitrahmen: 5 Minuten
Material: kein Material erforderlich

▶ Zusammenkommen und still werden

Die Kinder betreten den Raum und sammeln sich in der Mitte. Kurze, bewegungsintensive Aktionen werden angekündigt:
- *Geht einmal an den Wänden entlang durch den Raum.*
- *Lauft durch den Raum und berührt alle vier Wände.*
- *Rennt in alle vier Ecken des Raumes. (Etc.)*

Die Aktionen werden durchbrochen und schließlich mit dem Moment des Sammelns in der Mitte auch beendet. Die Kinder fassen sich an den Händen und halten jeweils die Stille für einen kurzen Moment aus.
Die Kinder erleben: Ich entdecke den Raum und die Stille.

Suchspiel in der Spannung zwischen Stille und Geräusch: Ein tickender Wecker muss gefunden werden.
Alter der Kinder: 3-12 Jahre
Anzahl: max. 6 Kinder pro Spielmoment
Zeitrahmen: pro Spielmoment 2 Minuten
Material: ein tickender Wecker

▶ Wecker suchen

Ein tickender Wecker wird versteckt. Jeweils sechs Kinder machen sich auf die Suche. Um den Wecker finden zu können, muss es im Raum ganz still sein. Ist der Wecker gefunden, kommt die nächste Kleingruppe an die Reihe.
Die Kinder erleben: Es muss still sein, damit ich hören kann.

Einfach da sein und in die Stille hören Stille-Übung zum biblischen Text Markus 1,35-38
Alter der Kinder: 5-12 Jahre
Anzahl: max. 10 (Kleingruppenbildung)
Zeitrahmen: 5 Minuten
Material: Kassettenrecorder, Kassette mit Geräusch: Menschenmenge

▶ Horch doch mal

Die Kinder suchen sich einen Platz im Raum, an dem sie sich wohl fühlen, und setzen oder legen sich dort hin. In Intervallen mit kurzen Pausen der Stille wird die Geräuschkulisse der Menschenmenge in zunehmender Lautstärke eingespielt. Die letzte Einspielung hat eine unangenehme Lautstärke. In die folgende Stille hinein wird der Text gesprochen. Die Kinder erleben: Stille kann wohltuend sein.

Viele Menschen kommen zu Jesus. Sie fragen. Sie reden. Sie rufen. Jesus sucht die Stille. Er geht allein in eine einsame Gegend. Er ruht sich aus. Er sammelt neue Kraft. Er redet mit seinem Vater im Himmel. Dann geht er wieder zu den Menschen. Wenn es laut um mich wird, brauche ich die Stille.

Die Kinder erfahren: Auch Jesus hat die Stille gebraucht, um sich den Menschen wieder neu und mit ganzer Kraft widmen zu können.

Spiel im Spannungsfeld zwischen Schnelligkeit und Langsamkeit
Alter der Kinder: 4-12 Jahre
Anzahl: max. 20
Zeitrahmen: 20 Minuten
Material: zum Bau eines Hindernisparcours

▶ Zeitlupen-Parcours

Ablauf: Aus Möbelstücken und sonstigen Einrichtungsgegenständen wird gemeinsam ein Parcours gebaut. Es wird ein Weg festgelegt, auf dem der Hindernisparcours durchlaufen werden soll. Alle Kinder versuchen, den Parcours so schnell wie möglich zu bewältigen. Im Anschluss versuchen die Kinder, so langsam wie nur eben möglich durch den Parcours zu kommen. Dabei gibt es nur eine Regel: Die Bewegung darf nicht zum Stillstand kommen.
Die Kinder erleben den Unterschied zwischen schneller und langsamer Bewegung.

BEWUSSTWERDUNG

Kinder in die Stille begleiten meint, sie sich selber entdecken zu lassen und ihnen zu helfen, sich der Stille zu öffnen.

▶ Bildbetrachtung

Ablauf: Die Kinder erhalten Zugang zu dem Bild (Folie/Abdruck) und ausreichend Zeit, das Bild anzuschauen. Dazu kann folgender Text gesprochen werden:

Setz dich bequem auf einen Stuhl am Tisch oder in deinen Sessel, und dann schau hinein in das Bild. Was siehst du? Zuerst zähle einmal auf, was genau du siehst. Im Vordergrund sitzt ein Junge an einen Baum gelehnt. Woher weißt du, dass es ein Junge ist? Und wie heißt der Baum, an den er lehnt? Welche Kleidung trägt er? Was siehst du im Hintergrund? Siehst du die Frau, die sich bückt? Und das Haus, das sich rechts neben ihr befindet? Hat es Fenster? Wie viele Bäume sind auf dem Bild? Was würdest du wohl sehen, wenn du in das Fenster blicken würdest? Ob da noch jemand steht? Wer ist drinnen im Haus? Was die Frau wohl gerade tut? Erntet sie etwas? Ist sie die Mutter des Jungen? Gibt es gleich Abendessen? Oder ist es erst Vormittag?

Und dann betrachte den Jungen am Baum noch einmal. Warum sitzt er da? Was tut er? Versuche einmal, seinem Blick zu folgen. Stimmt! Du kannst seine Augen gar nicht sehen. Aber wenn du der Kopfhaltung folgst, kannst du entdecken, wohin sein Blick geht. Er schaut nicht zu der Frau und auch nicht zu dem Haus. Er schaut den Weg entlang. Hast du den Weg schon gesehen gehabt? Er hat es sich an dem Baum am Weg gemütlich gemacht und blickt den Weg entlang in die Weite. Er tut nichts, er schaut nur. Was er wohl sieht? Wovon er wohl träumt? Stell dir einmal vor, du säßest an der Birke gelehnt am Wegesrand und würdest deinen Blick in die Ferne schweifen lassen. Was würdest du sehen? Wovon würdest du träumen?

Die Kinder erhalten jeweils die Möglichkeit, auf die Fragen zu antworten. Abschließend können die je eigenen Vorstellungen genannt und umgesetzt werden (Malbild etc.). Die Kinder erleben: Menschen suchen die Stille. In der Stille kann ich etwas entdecken.

▶ Besuch bei mir selbst

Ablauf: Die Kinder finden sich zu zweit zusammen und erhalten je ein körpergroßes Stück Tapete. Wechselweise legen sie sich auf die Tapete und lassen vom Partner ihren Körperumriss nachzeichnen. Dann kann folgender Text zur Anleitung gelesen werden:

Da ist dein Körper. Nun kannst du ihn besuchen. Frage deine Hand: »Wie geht es dir heute? Was hast du heute schon gemacht?« Frage deine Augen: »Was habt ihr heute schon gesehen?« Lass deinen Magen eine kleine Geschichte erzählen, was ihm heute schon alles begegnet ist. Wenn deine Füße sich unterhalten würden, was wür-

---

Eine Bildbetrachtung nimmt die Kinder hinein in die Auseinandersetzung mit dem Thema »Einfach da sein – Auszeit«.

Alter der Kinder: 5-12 Jahre
Anzahl: beliebig
Zeitrahmen: 10 Minuten
Material: Bildvorlage

»Knabe am Weg unter Birken« von Paula Modersohn-Becker (1876 - 1907)

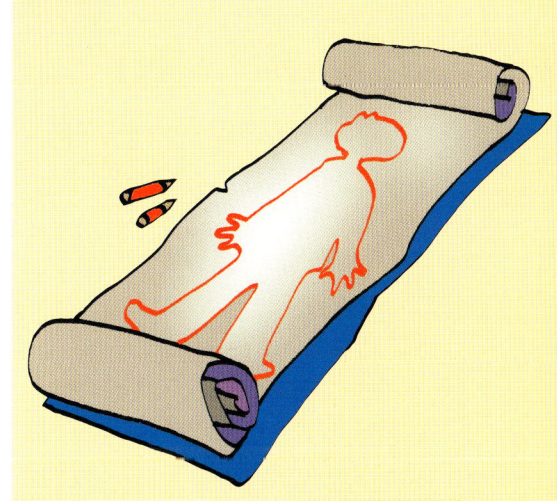

Spielerische Auseinandersetzung mit dem eigenen Körper

Alter der Kinder: 8-12 Jahre
Anzahl: beliebig in Zweiergruppen
Zeitrahmen: 20 Minuten
Material: Tapetenbahnen, dicke Malstifte

erlebnisweg
Stille erleben

den sie sich erzählen? Horch auch einmal in deine Ohren hinein: Was haben sie heute schon gehört? Wenn du magst, malst oder schreibst du in deinen Körper die Erlebnisse hinein. So ein Besuch bei deinem Körper ist ganz schön spannend.

Die Kinder erhalten die Zeit, den eigenen Körper zu »füllen«. Dabei ist es im Raum ganz still. Die Kunstwerke werden aufgehängt und betrachtet.

Die Kinder erleben einen ungewöhnlichen Zugang zu und Umgang mit dem eigenen Körper.

▶ Maria und Martha

Einfach da sein und zuhören
Szenisches Spiel zur biblischen Begebenheit aus Lukas 10,38-42
Im Nachspiel der biblischen Szene wird der Unterschied zwischen stillem Da sein und reger Aktivität deutlich.
Alter der Kinder: 5-12 Jahre
Anzahl: je nach Rollenaufteilung 5-8 pro Gruppe
Zeitrahmen: ca. 15 Minuten
Material: Verkleidungskoffer, Requisiten

Ablauf: Die biblische Begebenheit wird szenisch in zwei Sequenzen nachgespielt. Dabei ist es reizvoll, mit zwei Gruppen unabhängig jeweils die hinführende und die auflösende Sequenz zu spielen. Die erste Gruppe spielt bis zu dem Moment, in dem Martha die Frage an Jesus stellt. Die zweite Gruppe spielt die kurze Schlusssequenz mit einer frei eingefügten Diskussion der Gäste zu der Anfrage Marthas. Als Hauptdarsteller wirken im Vordergrund die beiden Schwestern Maria und Martha, Jesus, sowie einige der Jünger als Gäste.

Ein kurzer Austausch zu der Frage: »Was ist wichtig?« kann sich anschließen.

Die Kinder erleben: Zuhören kann manchmal wichtiger sein als arbeiten.

ÜBERTRAGUNG

Kinder in die Stille begleiten meint, Kindern Möglichkeiten zur Mitteilung ihrer Stille-Erfahrungen zu geben.

▶ Langeweile

Das Mädchen Mara entdeckt im Alleinsein eine eigene Welt der Fantasie.

Geschichte: Das war ein blöder Tag! Mittags hatte es grüne Bohnen gegeben. Die mochte Mara nicht. Im Fernsehen war nichts, was sie interessierte. Und ihre Freundin Lisa war verreist. Jetzt ging auch noch Mama fort. »In einer Stunde bin ich wieder da«, sagte sie. »Lies doch ein bisschen.« Aber das Buch war langweilig. Überhaupt war alles langweilig.

Mara legte sich auf den Teppich und starrte zur Decke empor. Der Wasserhahn tropfte. An der Decke gab es eine Linie. Die sah aus wie ein Bogen. Oder wie ein Tor, dachte Mara. Nein, dachte sie dann – da ist eine Höhle.

Sie starrte weiter. Starrte und starrte. Und auf einmal war sie drin in der Höhle. Es war eine Tropfsteinhöhle. Und die Tropfsteine bestanden aus Kristallen in allen Regenbogenfarben. Der ganze Raum leuchtete geheimnisvoll und bunt. Perlen gab es auch. Ab und zu fiel eine herunter. »Plopp«, machte es dann. Mara fing alle Perlen ein. Sie saß in der Zauberhöhle und konnte sich nicht satt sehen. Eine lange Weile saß sie so.

Dann auf einmal klirrte es ganz laut, und das war der Schlüssel, mit dem Mama die Tür aufschloss. »Na«, fragte Mama, »hast du dich gelangweilt?«

»Gelangweilt?«, sagte Mara. »Ne.«

© *Gina Ruck-Pauquèt*

Erzählhinweise: Der Moment der fallenden Perlen und des klirrenden Schlüssels können gegenständlich verstärkt werden. Murmeln werden unerwartet über den Boden gerollt (Abwägung Konzentrationsstörung!), oder ein Schlüssel klirrt tatsächlich.

▶ Geschichte weitererzählen

Die Kinder entwickeln die Geschichte in ihrer Fantasie weiter.
Alter der Kinder: 5-12 Jahre
Anzahl: beliebig

Ablauf: Die Kinder haben Zeit, die Geschichte weiter zu erzählen. Bei den jüngeren Kindern bedarf es hierbei einer Unterstützung.

Die Kinder erleben: Ich kann in meiner Fantasie eigene Bilder und Geschichten finden.

erlebnisweg
Stille erleben

Tipp: Buntstifte und Papier sollten bereit liegen, damit die Kinder die Geschichte auch weitermalen können.

Zeitrahmen:	15 Minuten
Material:	kein Material erforderlich

▶ Ich sehe, was ich sonst nicht sehe

Ablauf: Die Kinder sitzen an dem Platz im Raum, der ihnen gefällt. Anhand des gesprochenen Textes wird der gewohnte Weg in der Vorstellung neu gegangen. Dabei ist es still im Raum.

Läufst du allein zum Kindergarten oder zur Schule? Oder hast du einen anderen Weg, den du regelmäßig gehst? Schließe die Augen und stelle dir diesen Weg vor. An wie vielen Telefonzellen, Briefkästen und Bushaltestellen kommst du vorbei? In welchem Vorgarten leben Hunde? Welche Geschäfte liegen an deinem Weg? Welche Farbe hat der Bürgersteig? Kommst du an Bänken vorbei? Hast du schon mal ein Eichhörnchen auf dem Weg gesehen?

Öffne nun die Augen. Wenn du morgen den Weg wieder gehst, schau dich genau um! Was siehst du? Hast du dich richtig erinnert? Versuche, drei Dinge zu finden: einen Cent, einen Zigarettenstummel und ein Kaugummipapier. Den Cent kannst du natürlich aufheben. Zähle alle Papierkörbe auf deinem Weg. Sind es mehr als fünf? Suche alles, was rot ist. Überlege am Ende des Weges, was du heute zum ersten Mal gesehen hast?

Die Kinder erleben: In der ruhigen Betrachtung sehe ich mehr.

Tipp: Mit jüngeren Kindern kann der Weg tatsächlich gemeinsam gegangen werden.

Kindern entdecken gewohnte Wege neu.
Alter der Kinder: ab 6 Jahre
Anzahl: beliebig
Zeitrahmen: 10 Minuten
Material: kein Material erforderlich

AUSKLANG

Kinder in die Stille begleiten meint, Kinder auf dem Weg in die laute Welt nicht alleine zu lassen.

▶ Gebet

*Lieber Gott,
ich danke dir, dass ich so verschiedene Seiten habe:
dass ich laut und leise sein kann,
dass ich schreien und flüstern kann.
Ich danke dir, dass ich auch manchmal gar nichts tun muss,
dass ich einfach da sein kann,
ganz leise
und nur hören:
so wie jetzt.*

*Da sein:
Ich kann die Augen zumachen,
ich kann nach innen hören
und spüren:
Du bist bei mir.
Danke, Gott!*

Bernd Schlüter

▶ Sorgenlos

Ablauf: Den Kindern wird ein Segen zugesprochen, der mit einer symbolischen Handlung verknüpft ist.

Gott schütze dich vor dem,
was dir Angst macht,
was dich krank macht,
was dir weh tut,
was dich sorgt.
(jeweils Abwehrbewegung um das Kind herum)

Gott segne dich und alle,
die für dich sorgen.
Sorge nicht,
denn Gott sorgt für dich!

(Hand auflegen)

Einfach da sein und Gott vertrauen
Ritualisierte Aktion zum biblischen Text aus Matthäus 6,25-34
Alter der Kinder: 5-12 Jahre
Anzahl: beliebig
Zeitrahmen: je nach Anzahl der Kinder
Material: kein Material erforderlich

erlebnisweg

Kinder haben Rechte

Du störst mich – nicht!

Du störst mich – nicht!

Als im Elektrizitätswerk einer amerikanischen Großstadt aufgrund erheblicher und andauernder Störungen die Stromversorgung für ganze Stadtteile vom frühen Abend bis tief in die Nacht abgestellt werden musste, beschwerten sich zunächst Tausende Einwohner. Das Essen auf dem Herd blieb kalt, die Fernseher aus, die Kneipen leerten sich, weil Musikanlagen und Beleuchtung versagten. Neun Monate später verzeichneten die Krankenhäuser in der Stadt einen erfreulichen Anstieg in der Geburtenstatistik. Lassen Sie sich gerne stören?

Menschen brauchen Rahmenbedingungen, um leben zu können. Die einen brauchen ein gesichertes Einkommen, ein Dach über dem Kopf, eine Regelmäßigkeit im Ablauf des Tages und fest gefügte Einstellungen. Die anderen brauchen Unabhängigkeit, Entscheidungsfreiheit und Bewegungsfreiheit. Störungen werden als unangenehm und beeinträchtigend wahrgenommen, wenn sie einen Menschen dazu zwingen, seine Rahmenbedingungen zu verändern. Dies wird als ein Verlust von Lebensqualität empfunden. Notwendig sind Störungen da, wo die Rahmenbedingungen einengend und ausschließend werden und den notwendigen Prozess des Verstehens und Tolerierens unmöglich machen.

Störungen sind Phänomene mit zwei Seiten. Stellen Sie sich eine romantische Situation mit dem Partner Ihres Herzens vor. Eine laue Spätsommernacht, die schummrig beleuchtete Uferpromenade eines fließenden Gewässers. Sie haben köstlich gespeist und sitzen nun angenähert auf der Holzbank. Gerade wollen Sie sich in den flauschigen Mantel verschämter Zärtlichkeit hüllen, als ein Kneipengast auf die Promenade torkelt und sich geräuschvoll in den Mülleimer übergibt. Unangenehme Störung, oder? – Stellen Sie sich die gleiche Situation vor. Sie warten auf der Promenade auf Ihren Partner, als der Kneipengast zielsicher auf die Bank zusteuert, Sie in ein Gespräch verwickelt und eine schlechte Zote nach der anderen reißt. Seine Fuselfahne raubt Ihnen beinahe das Bewusstsein. Kurz bevor Ihnen die Sinne schwinden, hören Sie die Stimme Ihres Partners: »Entschuldigung, darf ich mal stören?« Ersehnte Störung, oder?

Die Störungen, die in den biblischen Geschichten des Neuen Testament geschildert werden, haben ihre Berechtigung. Der Störende hat ausreichenden Grund, sein Anliegen störend in einer Situation vorzubringen und so die Handlungsrichtung störend zu verändern. Der Gestörte bleibt nicht verstört zurück. Die richtungsändernde Störung entpuppt sich als heilsame und gewinnbringende Veränderung, von der der

Biblische Texte
Markus 2,13
Markus 7,24-30
Markus 10,13-16

Kinder haben Rechte

erlebnisweg

Gestörte profitieren kann. In den Geschichten ist die Störung eng mit der Person Jesu verbunden. Zum einen ist er der Gestörte und muss sich stören lassen. Zum anderen ist er der Störende, der den Handlungs- und Denkfluss der Menschen stört. Zu allen Zeiten fordert Jesus zur Stellungnahme heraus: Entweder lässt der Mensch sich von ihm stören – oder er stört sich an ihm.

DIE SITUATION DER KINDER

»Du störst mich!«
Wann haben Sie diesen Satz zum letzten Mal zu wem gesagt?
Kinder bekommen diesen Satz oft genug zu hören oder zu spüren. Die Eltern, andere Erwachsene und selbst andere Kinder wollen ihre Ruhe haben. Sie wollen nicht gestört werden bei dem, was sie gerade tun. Kinder reagieren nicht selten sehr sensibel auf diesen Satz. Sie fühlen sich abgelehnt, wenn sich die Eltern, andere Erwachsene oder andere Kinder keine Zeit nehmen wollen für ihre Interessen. Sie fühlen sich ausgegrenzt, wenn ihre Belange von anderen als lästig empfunden werden.

»Du störst mich!«
Wann hat Sie dieser Satz zum letzten Mal gestört?
Zeit ist ein kostbares Gut in unserer schnelllebigen und hektischen Gesellschaft geworden. Die Nischen im familiären Alltag, die eine Tür zu einer unverplanten gemeinsamen Zeit dargestellt haben, sind im durchstrukturierten und verplanten Alltag eine Seltenheit geworden. Immer weniger Eltern sind bereit, auf beruflichen Erfolg und die eigenen Interessen zu verzichten und den Kindern freie Zeit zu widmen. Kinder empfinden dies als belastend. Sie brauchen diese freien Zeiten, in denen sie sich nicht hinderlich, störend oder einschränkend vorkommen. Sie sind, wie alle Menschen, darauf angewiesen, dass ihnen Zeit und Zuwendung entgegengebracht wird.

»Du störst mich!«
Wann hat Ihnen dieser Satz zum letzten Mal im Nachhinein Leid getan?
Kinder wollen wissen, warum sie stören. Wenn es gelingt, ihnen den Grund dafür zu nennen, dass ihre Anwesenheit als störend wahrgenommen wird, sind sie nicht selten bereit, sich vertrösten zu lassen. Dann fühlen sie sich Ernst genommen und können ein Gespür für den richtigen Umgang mit Nähe und Distanz entwickeln.

»Du störst mich!«
Wann hat ein Kind dies zum letzten Mal zu Ihnen gesagt?
Kinder haben, wie alle anderen Menschen, ein Recht auf Freiräume, die sie eigenständig und unbeeinflusst gestalten können. Kinder sagen diesen Satz sehr unvoreingenommen, wenn sie in Ruhe gelassen werden wollen.

»Du störst mich!«
Wann haben Sie diesen Satz zum letzten Mal im Gottesdienst gedacht?
Kinder werden in den Gottesdiensten für Erwachsene nicht selten als störend empfunden. Ihr Dazwischengerede, Generve, Geheule und Rumgelaufe wird als störend für die persönliche Andacht und die Konzentration empfunden. Sie sind in Familiengottesdiensten willkommen und dann, wenn sie zu Weihnachten die Gemeinde mit einem Krippenspiel erfreuen. Ansonsten besuchen Kinder und Erwachsene ihre je eigenen Gottesdienste. Es wäre bereichernd für Jung und Alt, wenn Kinder und Erwachsene vermehrt gemeinsam ihren je eigenen Gottesdienst feiern würden. Das erfordert die wünschenswerte Bereitschaft, sich vom anderen und Andersartigen stören zu lassen.

Biblischer Zuspruch
Jesus sprach zu ihnen: Lasst die Kinder zu mir kommen und wehrt ihnen nicht; denn ihnen gehört das Himmelreich.
(Markus 10,14)

erlebnisweg
Kinder haben Rechte

SENSIBILISIERUNG
Störungen haben zwei Seiten: Mal sind sie willkommen, mal unerwünscht.

▶ Stör mich mal

Spielerisch erleben die Kinder »erwünschte« Störungen
Alter der Kinder: 5-12 Jahre
Anzahl: mindestens 10
Zeitrahmen: 10 Minuten
Material: kein Material erforderlich

Ablauf: Alle bis auf zwei Mitspieler stellen sich in einen Kreis und fassen sich bei den Händen. Die beiden anderen Spieler nehmen sich auch bei den Händen und laufen um den Kreis. Dabei sagen die Spieler im Kreis: »Stör-, Stör-, Störenfried, stör mich mal – ach, sei so lieb!« An einer Stelle ihrer Wahl halten die Störenfriede kurz an und stören den Kreis, das heißt, sie durchschlagen vorsichtig ein Händepaar. Dann rennen sie um den Kreis herum und versuchen, die Stelle zu erreichen, die sie gerade gestört haben. Zur gleichen Zeit fassen sich die beiden Spieler, die getrennt worden sind, wieder an den Händen, lassen die anderen Spieler im Kreis los und laufen ebenfalls einmal um den Kreis. Das Paar, das zuerst wieder die freie Stelle erreicht, fügt sich in den Kreis ein, die anderen beiden Mitspieler sind die Störenfriede.

Variationen: Die Paare laufen rückwärts oder müssen sich Huckepack tragen.

▶ Katz und Maus

Ein klassisches Spiel zum Thema »Störungen«
Alter der Kinder: 5-12 Jahre
Anzahl: mindestens 6
Zeitrahmen: 10 Minuten
Material: kein Material erforderlich

Ablauf: Ein Kind wird zur Maus, ein anderes zur Katze. Die übrigen Kinder bilden einen Kreis und halten sich an den Händen. Die Katze will die Maus fangen. Da die Kinder im Kreis die Maus unterstützen, lassen sie die Maus gerne in ihr Haus (Inneres des Kreises) und wieder hinaus laufen, verweigern der Katze aber den Weg. DieKKatze versucht, den Kreis zu durchbrechen und die Maus dennoch zu fangen.

BEWUSSTWERDUNG
Jeder Mensch kennt und erlebt die beiden Seiten der Störung. Wohl dem, der sich gerne stören lässt.

Jesus stört, wird gestört und lässt sich stören.
Die folgenden Geschichten sind als Dreischritt zu verstehen.

▶ Jesus stört sich nicht an Levi und stört seinen Lebensweg

Da sitzt er, der Zöllner Levi. So welche wie ihn gibt es an jedem Stadttor der großen Städte. Zolleintreiber sind sie, Blutsauger, Parasiten. Die Menschen mögen diese Zöllner nicht und die Händler erst recht nicht. Schließlich ziehen sie ihnen das Geld aus der Tasche, wie es ihnen gerade passt. Einen Teil davon liefern sie bei den verhassten hohen Herren ab, den Römern, diesen Landbesetzern. Und vom dem, was reichlich übrig bleibt, leben sie auf großem Fuß. Pfui, sagen die Leute.

Jesus stört sich nicht daran. Er geht auf Levi zu und spricht ihn an. »Werde mein Freund und komm mit mir, Levi!«, sagt er. Levi lässt alles stehen und liegen und geht mit seinem neuen Freund Jesus. Gemeinsam sitzen sie beim Abendessen in Levis Haus. Viele seiner Kollegen sind gekommen und dazu andere Menschen, die in der Stadt nicht erwünscht waren. Besonders die Pharisäer stören sich daran. »Wie kann er mit diesem Abschaum an einem Tisch sitzen?«, regen sie sich auf. Doch Jesus stört das nicht. »Gerade für diese Menschen bin ich gekommen!«, sagt er.

▶ Jesus will sich nicht stören lassen

Jesus will seine Ruhe haben. Er hat so vielen Menschen von Gott erzählt und so vielen Menschen geholfen, dass er eine Pause braucht. Er zieht sich zurück in eine Gegend, wo ihn keiner kennt. Eine Frau, die nicht zu dem Volk Israel gehört, hatte

Kinder haben Rechte

erlebnisweg

aber von Jesus und seinen Wundertaten gehört. Schnell läuft sie zu ihm. »Jesus«, sagt sie, »meine Tochter ist krank und braucht deine Hilfe.« Jesus will sich nicht stören lassen. »Geh weg!«, sagt er. »Mit dir habe ich nichts zu tun.« Die Frau lässt sich aber nicht abweisen. »Du hast mit mir zu tun!«, sagt sie. »Meine Tochter ist krank und ich weiß, dass du ihr helfen kannst.« Jesus staunt. Er staunt darüber, dass sich diese Frau nicht abweisen lässt. Er lässt sich von ihr stören. »Weil du mich nicht in Ruhe lässt, will ich dir helfen. Geh, deine Tochter ist gesund!« Voller Freude läuft die Frau nach Hause und findet ihre gesunde Tochter.

▶ Jesus lässt sich gerne stören

Den ganzen Vormittag schon hatten sich Ruth und Samuel darauf gefreut. Vater hatte ihnen versprochen, mit den anderen Familien aus dem Dorf an den Fluss Jordan zu gehen. »Jesus spricht zu den Menschen!«, hatte Juda, der Fischer, am Morgen im Dorf verbreitet. Nun war die Mittagshitze vorbei. »Los, ihr beiden!«, ruft Vater. Aus den anderen Häusern strömen die Menschen. Ruth reckt den Hals und versucht, Judith zu finden. Aber die ist wohl schon weiter vorne. Samuel hat seinen Freund David getroffen. »Darf ich mit Davids Familie laufen?«, fragt er. »Geh schon!«

Es dauert lange, bis Ruth das Flussufer sehen kann. Viele Menschen stehen schon dort und hören, was Jesus sagt. »Ich renne zu Jesus!«, ruft Samuel. »Warte!«, ruft Vater noch. Aber Samuel ist schon weg. Ruth rennt hinterher. »Ruth!«, ruft Vater. Durch die Leute schlängeln sie sich. Ruth muss vor Vergnügen schreien. »Schschscht!«, machen die Erwachsenen. Samuel tritt einer Frau auf das Kleid. »Pass doch auf!«, ruft sie. David wirft einen Korb mit Brot um, sodass die Stücke über den Boden rollen. »Hier wird nicht getobt!«, fährt der Mann David an. Da vorne ist Jesus. »Hallo Jesus!«, ruft Samuel. »Siehst du mich?« Die Menschen schauen sich zu den Kindern um. Unfreundlich sehen sie aus. Sie wollen sich nicht stören lassen. Einige von den Männern, die nahe bei Jesus stehen, kommen auf die Kinder zu. Einer packt Samuel am Arm. »Du störst! Mach, dass du zu deinen Leuten kommst!« – »Warte!« Die Kinder schauen sich überrascht um. Wer hat das gerufen? »Lasst die Kinder zu mir kommen!«, sagt Jesus. Ruth, Samuel und David stehen bei Jesus. Er legt ihnen seine Hand auf den Kopf und segnet sie. Das fühlt sich schön an, denkt Ruth. Wie schön, dass ich Jesus nicht störe.

▶ Interview

Ablauf: Der Text kann vorgetragen werden.

1. *Dürfen Kinder in der Kirche stören?*
Manchmal bleibt ihnen doch gar nichts anderes übrig! Schon zu Zeiten Jesu war das so. Jesus erzählte von Gottes Liebe zu den Menschen, er sah die Menschen an und half ihnen, das war etwas für die Kinder. Aber schon damals blieb ihnen nichts anderes, als die »Großen« zu stören. Jesus hat sie gehört, und er hat mit den »Großen« geschimpft: Jetzt wollen die Kinder zu mir kommen, und ihr hindert sie daran? So geht es nicht, macht Platz für die Kinder. Schaut sie euch an! Ihr könnt von ihnen lernen! Wenn Gott euch ruft, dann könnt ihr den Kindern folgen, denn sie machen es richtig!

2. *Warum haben Kinder den Eindruck, dass ihre Störungen in der Kirche nicht erwünscht sind?*
Offensichtlich lernen die »Großen« sehr langsam. Sie hören zwar, wie Jesus die Kinder zu sich ruft, aber wehe, sie kommen! Dann fühlen sie sich oft gestört. Dabei können Kinder und Erwachsene miteinander Gott feiern! Man stelle sich einen

Kinder entdecken, sie haben ihren Platz in der Kirchengemeinde.
Alter der Kinder: 8-12 Jahre
Anzahl: beliebig
Zeitrahmen: 10 Minuten
Material: kein Material erforderlich

erlebnisweg
Kinder haben Rechte

Weihnachtsgottesdienst ohne Kinder vor, da bleibt nicht nur die Krippe leer! Aber viele Erwachsene mögen Kinder nur, wenn sie brav in der Bank sitzen und keinen Mucks machen. So sind Kinder aber nicht. Sie wollen ja still sein und hören, aber dann wollen sie sich auch bewegen und von dem erzählen, was ihnen wichtig ist. Gott soll das schließlich auch hören. Ich bin überzeugt: Kinder sind wichtig für den Glauben der Gemeinde, denn sie haben etwas zu sagen, was nur die Kinder wissen!

Interview mit Ulrich Walter, Pfarrer und bis 2002 Theologischer Sekretär beim Gesamtverband für Kindergottesdienst in der EKD

Kinder sagen, was sie stört.
Alter der Kinder: 6-12 Jahre
Anzahl: beliebig
Zeitrahmen: 10 Minuten
Material: Vorlage als Kopien

▶ **Was dich stört!**
Ablauf: Die Kinder schreiben auf das Tuch, was sie stört. Dies bezieht sich in diesem Zusammenhang auf die Kirchengemeinde.

Variante: Die Kinder schreiben auf ein Stofftuch, was sie an der Kirchengemeinde stört. Das Tuch wird am Eingang aufgehängt.

Die Kinder entdecken: Mit unseren Anfragen sind wir nicht alleine.
Alter der Kinder: 8-12 Jahre
Anzahl: beliebig
Zeitrahmen: 10 Minuten
Material: Text

▶ **Die 10 Top-Forderungen**
Ablauf: Die 10 Forderungen werden auf einzelne Blätter geschrieben. Die Kinder entrollen die Blätter und lesen die Forderungen. Im Anschluss werden die Forderungen diskutiert und mit neuen, eigenen Forderungen ergänzt.

Forderungen
> Wir wünschen uns ein Abendmahl mit Kindern in der Gemeinde.
> Wir möchten mitbestimmen, was in der Gemeinde läuft.
> Wir wollen von Erwachsenen respektiert und Ernst genommen werden, denn wir nehmen sie auch Ernst.
> Die Kirche soll mehr Umweltschutz organisieren und sich mehr um die Natur kümmern.
> Wir wünschen uns mehr Feste und Feiern in der Gemeinde, die wir mit vorbereiten und gestalten. Außerdem mehr Geld für Ausflüge.
> Wir wünschen uns eine Kirche und Gemeinderäume, die für alle offen sind (auch für Behinderte und Arme).
> Wir wünschen uns Religionsunterricht, der offen ist für andere Religionen.
> Während der Ferien wünschen wir uns Angebote für Kinder, z.B. Kinderklub-Gruppen, Ferienspiele.
> Wir wünschen uns abwechslungsreiche Gottesdienste für Kinder aller Altersstufen. Predigt, Lieder und Gebete wollen wir verstehen können.
> Wir wünschen uns offene Kirchen und Gemeinderäume, die wir selbst gestalten können und wo es möglich ist, Discos, Konzerte oder Partys zu veranstalten. Außerdem wünschen wir uns Spielplätze im Freien.

(am Reformationstag 1998 in Konstanz von Kindern und kirchenleitenden Erwachsenen erarbeitet)

erlebnisweg
Kinder haben Rechte

ÜBERTRAGUNG
Störungen bergen Chancen in sich. Wohl dem, der in der Lage ist, sie zu entdecken.

▶ **Was mich stört**

Ablauf: Die Tapete wird ausgerollt. Die Kinder knien sich darum und schreiben oder malen zu dem Stichpunkt »Was mich stört« auf die Tapete. Im Anschluss wird die Tapete aufgehängt. Es wird gemeinsam überlegt, wie mit den Störungen umgegangen werden kann.

▶ **Du störst**

Geschichte

»Was willst du denn schon wieder?«, fragte Papa und blickte hinter dem Computerbildschirm hervor. Freundlich hatte das nicht geklungen. Boris blieb unschlüssig vor dem Schreibtisch stehen und drehte die CD-Rom in den Händen hin und her. Als Papa von der Arbeit nach Hause gekommen war, hatte er nur schnell das Essen herunter geschlungen und war dann sofort in seinem Arbeitszimmer verschwunden. In der letzten Zeit war es immer öfter so gewesen. »Viel Arbeit«, murmelte Papa dann entschuldigend. »Ich wollte ...«, fing Boris an, aber Papa unterbrach ihn sofort. »Für eine deiner Ideen habe ich echt gar keine Zeit!«, sagte er und blickte wieder auf den Bildschirm. »Aber du hast doch ...«, sagte Boris und Papa unterbrach ihn wieder. »Boris!«, sagte er mit Nachdruck und blickte kurz hinter dem Bildschirm hervor, »du störst!«

Boris war sauer! Zuerst hatte er eigentlich die Tür vom Arbeitszimmer hinter sich zuschmeißen wollen, damit Papa auf jeden Fall mitkriegte, wie blöd Boris es fand, dass Papa ihm noch nicht mal zugehört hatte. Dabei wollte er ihn doch nur daran erinnern, dass Papa ihm die CD-Rom zum Geburtstag mit dem Versprechen geschenkt hatte, ihm »wann immer du willst« zu zeigen, wie sie funktionierte. Und jetzt war eben »wann immer du willst«, hatte Boris beschlossen. Und schließlich konnte er gar nichts dafür, dass Papa tagsüber seine Arbeit nicht schaffte und der einzige Computer gerade in Papas Arbeitszimmer stand. Boris stand entschlossen vom Bett in seinem Zimmer auf und lief zum Arbeitszimmer. Er riss die Tür auf und rief: »Du hast es versprochen, Papa! Und ein Versprechen muss man halten!« Papas Kopf fuhr hinter dem Bildschirm hoch und lief rot an. »Zum Donnerwetter!«, fuhr er Boris an. »Ich muss dieses Problem hier lösen, und ich kann nicht denken, wenn du ständig störst!« Dann machte Papa eine kurze Pause und blickte auf einmal nachdenklich. »Was habe ich versprochen?«, fragte er leise. Boris ließ die Türklinke los, an der er sich festgehalten hatte, und ging die drei Schritte bis zum Schreibtisch. »Das Computerspiel mit mir zu spielen!«, sagte er und legte die CD-Rom auf den Stapel von Papieren. Papa blickte einen Moment lang stumm auf den Bildschirm. Dann seufzte er laut, aber Boris sah, wie sich ein kleines Lächeln in seine Mundwinkel geschlichen hatte.

Boris schloss leise die Tür zum Arbeitszimmer hinter sich. Ein tolles Computerspiel hatte er geschenkt bekommen. Das fand auch Papa. Sie hatten laut gelacht, als der Fuchs in den Teich gefallen war und sich eine riesige Beule am Baum geholt hatte. Papa hatte immer wieder die Tasten verwechselt und der Fuchs war nie in die Richtung gelaufen, in die er sollte. Boris hatte es viel besser gemacht. Zum Schluss hatte Papa gesagt: »Gerade habe ich eine gute Idee bekommen, wie ich das Problem von meiner Arbeit lösen kann!« Und nach einer kleinen Pause hatte er hinzugefügt: »Seltsam! Vielleicht sollte ich mich öfter von dir stören lassen!« Und dann hatte er noch einmal gelacht.

Leonard Blomberg

Die Kinder entdecken in der Umgebung Dinge, die sie mit Gott vergleichend in Verbindung bringen.

Alter der Kinder: 6-12 Jahre
Anzahl: beliebig
Zeitrahmen: 15 Minuten
Material: große Tapete, Stifte

erlebnisweg
Kinder haben Rechte

Die Kinder basteln das »Stör mich – nicht Schild«.

Alter der Kinder: 6-12 Jahre
Anzahl: beliebig
Zeitrahmen: 15 Minuten
Material: Kopiervorlage, Malstifte, Pappe

▶ **Posterbild basteln**

Ablauf: Die schwarz-weiß Vorlage wird bunt ausgemalt und auf Pappe geklebt. Der Pfeil wird mit einer Verschlussklammer in der Mitte des Schildes so aufgebracht, dass er sich drehen lässt.

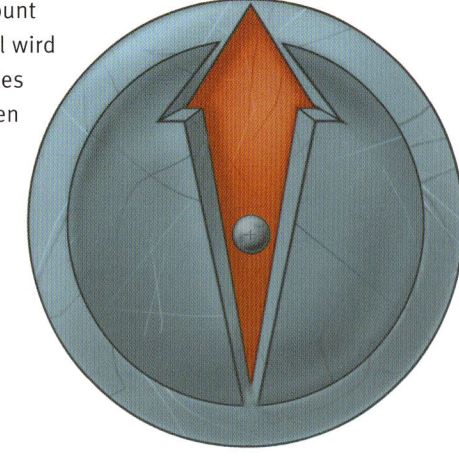

Kinder haben Rechte

AUSKLANG

Störungen verursachen Veränderungen, die manchmal für den Gestörten von Gewinn sind.

▶ **Wenn Jesus kommt**

Wenn Jesus kommt, wenn Jesus kommt, dann will ihn jeder sehn. Da wollen auch die Kinder all sogleich zu Jesus gehn.

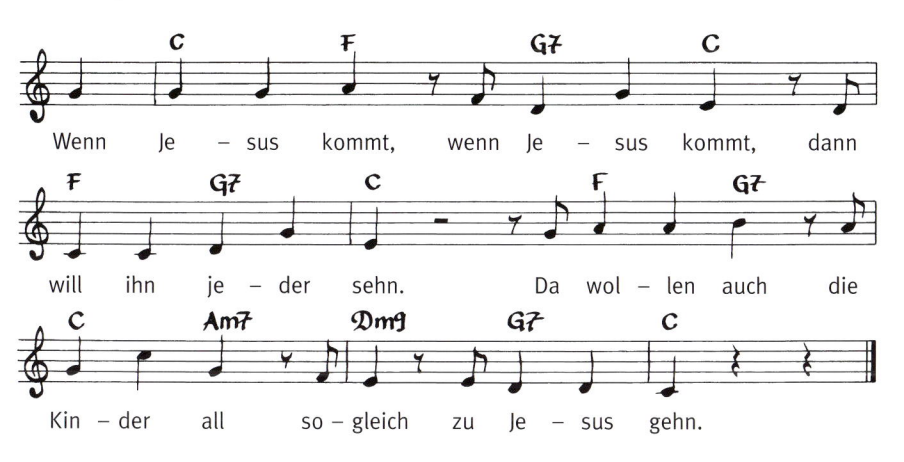

2. Die Großen fühlen sich gestört und rufen:
»Nein! Nein! Nein!
Haut ab und spielt doch anderswo! Ihr seid noch viel zu klein.«

3. Doch Jesus ruft den Kindern zu:
»Bleibt hier! Bleibt alle da!«
Niemals jagt er die Kinder fort, denn Jesus liebt sie ja.

4. Und Jesus lädt die Kinder drauf gleich alle zu sich ein.
Da darf ein jedes Kind zu ihm und ganz nah bei ihm sein.

5. Den Großen aber sagt er laut und deutlich ins Gesicht:
»Wer Gott nicht wie ein Kind vertraut,
nein, der versteht Gott nicht.«

6. Drum dürfen Kinder jederzeit sogleich zu Jesus gehen.
Die Großen werden es dann auch so nach und nach verstehn.

7. Dass Jesus alle Kinder liebt, das weiß ein jedes Kind,
weil alle Kinder dieser Welt doch Gottes Kinder sind.

8. Wenn Kinder lachen und sich freu'n,
ist Gott im Himmel froh.
Wer Gottes Botschaft recht versteht,
der macht es ebenso.

Text: Rolf Krenze; Melodie: Reinhard Horn
Aus: Meine Lieblingslieder von Jesus, © Kontakte Musikverlag, Lippstadt

erlebnisweg

Angst und Geborgenheit

Denn du bist bei mir

Angst und Geborgenheit

Ihre Chancen stehen 15:1. Das sind gar keine schlechten Aussichten. Wenn man die Bevölkerung der BRD umrechnet auf die Menschen, die unter Panikattacken leiden, ist es einer von fünfzehn Menschen, den es trifft. Und das in den ungünstigsten Momenten. Den Radrennfahrer Steward O`Grady erwischte es mitten auf einer Etappe der Tour de France. Von Symptomen wie Herzrasen, Schwindelgefühl und körperlicher Erschöpfung geplagt, muss er sich von seinen Teamkollegen eine Stunde lang schieben lassen, bis die Attacke vorüber ist. Massive unbewusste Ängste sind die Auslöser für diese Attacken. Dagegen gibt es keine Medikamente – bewältigen heißt die Devise. Kennen Sie auch solche Ängste?

Es müssen nicht gleich Panikattacken sein, mit denen sich die menschlichen Ängste äußern. Ängste und Angstsymptome hat jeder Mensch, egal welchen Alters. Im Unterschied zur Furcht, die sich auf ein bestimmtes Objekt bezieht, ist unkonkrete Angst eine grundlegende Befindlichkeit des Menschen. Die funktionale Schutzfunktion der Angst im Tierreich lässt sich auf den Menschen nur bedingt übertragen. Vielmehr sind es Bedrohungen durch Schicksal oder Tod, die diese Lebensängste nach sich ziehen. Kompliziert wird der Umgang mit der Angst dort, wo es sich nicht um die natürliche menschliche Angst, sondern um pathologische Erscheinungsformen der Angst handelt.

Es scheint im allgemeinen Sprachgebrauch jedoch beinahe unmöglich, die Unterscheidung zwischen Angst und Furcht beizubehalten. Oder sagen Sie: Ich habe Furcht vor dem Zahnarzt? Sie bekunden Angst vor dem Zahnarzt, obwohl es bei den Karieskontrollen seltener um Leben oder Tod geht. Sie ängstigen sich vor dem besagten Besuch allerdings nicht, sondern fürchten sich. Und das gelegentlich zu Recht!

Nimmt man die Bereiche Angst und Furcht behelfsweise zusammen, so lassen sich vier religionspädagogisch bedeutsame Formen der Angst benennen:

- *Furcht vor einem bestimmten Objekt*
- *Die Angst vor Schicksal und Tod, die der Mensch in der Begegnung mit äußerer Not, Krankheit und Vergänglichkeit erfährt*
- *Die Angst vor Schuld und Verdammung, die sich in einer Verzweiflung darüber äußern kann, die eigene Bestimmung zu verfehlen*
- *Die Angst vor Leere und Sinnlosigkeit, die als Angst vor dem Verlust eines letzten Sinnes erlebt wird.*

Die Zusammenfassung der Bereiche Furcht und Angst ist auch deshalb von religions-

Biblische Texte
Psalm 3
Psalm 23
Psalm 139

Angst und Geborgenheit

erlebnisweg

pädagogischer Bedeutung, weil sich die existentielle Angst selten offen zeigt. Sie äußert sich in konkreten Ängsten, die als Furcht vor etwas Benennbarem ihren Ausdruck finden. Gerade bei Kindern, die selten über die Möglichkeit verfügen, existentielle, unkonkrete Ängste unmittelbar zu äußern, ist der Zusammenhang von Angst und Furcht bedeutsam. Objektbezogene Ängste von Kindern stellen unter Umständen die Schreibfläche dar, auf der die existentielle Angst in Erscheinung tritt.

Menschen jeden Alters brauchen Zuspruch und Begleitung in ihren Ängsten. Sie erfahren diese dort, wo ihnen andere Menschen begegnen, die Gottes Zuspruch, Zuwendung und Begleitung durch ein konkretes Angebot der Geborgenheit und der Hilfe deutlich machen.

Biblischer Zuspruch
Von allen Seiten umgibst du mich und hältst deine Hand über mir (Palm 139, 5)

DIE SITUATION DER KINDER

Auch Kinder haben Ängste. Die offensichtlichen Auslöser werden von den Begleitenden nicht selten als unerheblich oder unbegründet abgetan. Gut gemeinte Abwiegelungen: »Davor brauchst du doch keine Angst zu haben!« ersetzen dann das, was notwendig wäre: Das Ernst nehmen der Ängste und das Begleiten beim Umgang mit der von den Kindern als begründet empfundenen Angst. Das schließt auch die sensible Aufforderung an die Kinder, sich mit der Angst auseinander zu setzen, mit ein. Kinder empfinden ihre Ängste genauso intensiv wie erwachsene Menschen.

Erinnern Sie sich daran, wann Sie das letzte Mal gesagt haben: »Davor brauchst du aber keine Angst zu haben!«?

Wenn ich mit Kindern über ihre Ängste sprechen will, muss ich diese Ernst nehmen.

Nicht selten spiegelt sich in der offensichtlichen Angst der Kinder vor etwas oder jemandem eine tiefer liegende, unkonkrete Angst wider. Als Begleitender bin ich herausgefordert, hinter die offensichtlichen Auslöser zu schauen und tiefer liegende Aus-löser als mitbestimmend für meine Begleitung anzunehmen. Es wäre eine Überforderung der Begleitenden, an dieser Stelle die Entschlüsselung der tiefer liegenden Auslöser einzufordern. Die reine Annahme ihrer Existenz führt aber schon zu einem bewussteren Umgang mit Kindern, die eine Angst deutlich machen.

Könnten Sie sagen, bei welchem Kind, das Sie begleiten, eine unkonkrete Angst hinter einer konkreten Furcht steht?

Wenn ich mit Kindern über ihre Ängste sprechen will, muss ich dahinter schauen können.

Kinder haben unterschiedliche Lösungsstrategien, um sich in Situationen konkreter Angst einen Rahmen zu schaffen, in dem sie sich wohl und sicher fühlen können. Nicht der Begleitende bestimmt diesen Rahmen, sondern das Kind! Er ist herausgefordert, die leisen und lauten Mitteilungen der Kinder über ihr Empfinden von Geborgenheit aufzuspüren und ihnen nach Möglichkeiten einen Rahmen zu schaffen, in dem das Kind seine Geborgenheit erleben kann.

Welche Möglichkeiten fallen Ihnen ein, unterschiedliche Formen von Geborgenheit anzubieten?

Wenn ich mit Kindern über ihre Ängste sprechen will, muss ich ihnen einen Rahmen der Geborgenheit schaffen, in dem sie sich sicher fühlen.

Gottes Zuspruch seiner Hilfe und Begleitung hat Platz in Situationen der Angst. Das gilt für alle Menschen. Das Wissen um die schützende und bergende Hand Gottes, aus der ich niemals herausfallen kann, begegnet unseren Ängsten und lenkt den Blick auf den, der die Angst überwunden hat. Es ist gut, wenn Kinder Gottes Zuspruch von Hilfe und Begleitung auch durch die Begleitenden konkret erfahren können. Im Handeln der Begleitenden spiegelt sich dann ein Stück des göttlichen Zuspruchs wider und wird für die Kinder konkret erfahrbar.

Welche Mittel und Wege fallen Ihnen ein, Kinder in Situationen der Angst zu begleiten?

Wenn ich mit Kindern über ihre Ängste sprechen will, muss ich in der Lage sein, den Zuspruch der Begleitung und der Hilfe Gottes personal einzulösen.

erlebnisweg
Angst und Geborgenheit

Die Kinder entdecken: Ich bin ein Geschöpf.
Alter der Kinder: 5-12 Jahre
Anzahl: beliebig
Zeitrahmen: 5 Minuten
Material: Text des Dialoges zwischen Igel und Maus

SENSIBILISIERUNG
Kinder sollen erfahren: Weil Gottes Hand mich gemacht hat, kennt er mich durch und durch.

▶ **Igel und Maus unterhalten sich**
Ablauf: Die Kinder lesen den Text. Dieser kann auch als Dialog vorgesprochen werden.

Igel ist traurig. Vorhin, als er mit Maus in der neuen Höhle unterm Tisch ein Mittagsschläfchen halten wollte, wollte Maus nicht. *»Du bist mir zu stachelig!«*, hat Maus gesagt.

Igel: *Warum habe ich bloß die ganzen Stacheln?*
Maus: *Wenn dich der Fuchs aus dem Fürchte-dich-Wald beim Pilze sammeln erwischt, rollst du dich zu einer Stachelburg zusammen und bist geschützt. Deshalb.*
Igel: *Das ist praktisch! Nur manchmal stören die Stacheln. Wenn ich einen verliere und du dich darauf setzt.*
Maus: *Das hat wirklich geschmerzt!*
Igel: *Woher habe ich die ganzen Stacheln?*
Maus: *Die hast du bekommen!*
Igel: *Von wem bloß?*
Maus: *Von dem, der dich gemacht hat.*
Igel: *Da hat er sich aber Mühe gegeben!*
Maus: *Wieso?*
Igel: *Schau mich doch mal an! Zuerst meine Nase. Bis die so spitz geworden ist und die Löcher an der richtigen Stelle saßen, hat es bestimmt gedauert! Und dann meine Ohren. Die ganzen Kringel in den Ohren sind bestimmt schwer zu machen gewesen.*
Maus: *Und meine erst!*
Igel: *Und dann meine Füße mit den Zehen und den Krallen daran. Und meine Zähne.*
Maus: *Und meine erst!*
Igel: *Und die ganzen Stacheln. Es hat gewiss viele Stunden gedauert, bis jeder Stachel an der richtigen Stelle gesessen hat. Wenn ich mich im Spiegel betrachte, muss ich sagen, dass ich ganz wunderbar geworden bin!*
Maus: *Und ich erst!*

Fragen:
Worüber sprechen Igel und Maus?
Was finden sie heraus?

Die Kinder entdecken: Ich bin Gottes Geschöpf.
Alter der Kinder: 5-12 Jahre
Anzahl: beliebig
Zeitrahmen: 5 Minuten
Material: viele Spiegel oder Spiegelfolie, ggf. mit den Kindern den Spiegel aus Pappe und Spiegelfolie basteln

▶ **Gottes Hand hat dich gemacht**
Ablauf: Die Kinder betrachten sich im Spiegel. Dazu wird der Text gelesen.

*Wenn du dich anschaust, kannst du sehen,
dass Gott an dir ein Wunder vollbracht hat.
Alles ist so, wie Gott es sich vorgestellt hat.
Im Leib deiner Mutter hat Gott dich,
Stück für Stück, sorgfältig und behutsam,
zu dem Wunder zusammengefügt, das du bist.
Gottes Hand hat dich gemacht.*

erlebnisweg

Angst und Geborgenheit

▶ **Du bist einmalig**

Ablauf: Ein Kind betrachtet seine Mitspieler sehr genau und prägt sich die Besonderheiten der Gesichtszüge ein. Dann bekommt es die Augen verbunden und muss seine Mitspieler ertasten.

Die Kinder entdecken: Ich bin ein einmaliges Geschöpf aus Gottes Hand.
Alter der Kinder: 5-12 Jahre
Anzahl: beliebig, in Kleingruppen
Zeitrahmen: 10 Minuten
Material: Augenbinden

▶ **Wenn ich einen Drachen gebaut habe**

Ablauf: Die einzelnen Zeilen des Textes sollen auf einen Drachen mit langem Schwanz geschrieben werden. Dazu werden aus dem Papier ein Drachen und Papierstücke für den Schwanz ausgeschnitten. Auf die einzelnen Stücke werden Zeilen des Textes geschrieben. Zusammen mit den Kindern wird der Text dann in die richtige Reihenfolge gebracht und mit dem Faden zu einem Drachen zusammengebunden.

Die Kinder entdecken: Es ist gut, dass Gott mich kennt.
Alter der Kinder: 5-12 Jahre
Anzahl: beliebig, ggf. in kleineren Gruppen
Zeitrahmen: 5 Minuten
Material: Text, buntes Papier, Schnur

Wenn ich einen Drachen gebaut habe,
weiß ich, wie er fliegt.
Ich weiß,
wie viel Leine er hat,
wie lang der Schwanz ist,
wie heftig der Wind weht,
wie schnell ich laufe,
wie er fliegt.

Wenn du, Gott, mich gemacht hast,
weißt du, wie es mir geht.
Du weißt,
wie ich heute Morgen aufgewacht bin,
wie es in der Schule gewesen ist,
wie ich heute Nachmittag gespielt habe,
wie ich mich gefreut oder geärgert habe,
wie es mir geht.
Du verstehst mich. Das ist gut.

BEWUSSTWERDUNG

Die Kinder sollen erfahren: Wenn ich Angst habe, ist Gott mein guter Begleiter.

▶ **Schäfer und Herde**

Ablauf: Aus der Gruppe der Mitspieler wird ein Schäfer gewählt, der bei mehr als 5 Schafen einen Hund zur Seite gestellt bekommt. Spielen mehr als 15 Kinder mit, braucht der Schäfer zwei Hütehunde. Die Herde sammelt sich in einer Spielfeldecke und rennt dann auf ein Signal kreuz und quer über das Spielfeld. Der Schäfer versucht, die Herde wieder in die Ecke zu treiben. Kann er ein Schaf abschlagen, bleibt es in der Ecke. Das letzte freie Schaf wird zum nächsten Schäfer.

Spielerisch werden die Kinder an das Bild des Schäfers herangeführt.
Alter der Kinder: 5-12 Jahre
Anzahl: 5 und mehr
Zeitrahmen: 10 Minuten
Material: kein Material erforderlich

▶ **Psalm 23**

Ablauf: Das Interview kann nachgespielt oder vorgelesen werden.

Stell dich doch mal vor!
Ich bin Helmut Moos, wohne mit meiner Familie auf einem Bauernhof im Taunus und bin seit mehr als 20 Jahren Schäfer. In meiner Schafzucht habe ich fast 300 Schafe.

Was ist wichtig bei deiner Arbeit mit deinen Schafen?
Die vertraute Beziehung zu den Schafen. Es ist wirklich so! Ich kenne jedes einzelne Tier mit seinem Namen. Die Schafe kennen meine Stimme, und wenn ich sie

Der Psalm 23 wird im Kontext eines Interviews mit einem Schafhirten vorgestellt
Alter der Kinder: 6-12 Jahre
Anzahl: beliebig
Zeitrahmen: 10 Minuten
Material: ggf. Verkleidung für den Hirten

Du, Herr, bist mein Hirte;
Darum kenne ich keine Not.

erlebnisweg
Angst und Geborgenheit

Du bringst mich auf saftige Weiden, lässt mich ruhen am frischen Wasser und gibst mir neue Kraft. Auf sicheren Wegen leitest du mich, dafür bürgst du mit deinem Namen.

Und geht es auch durchs dunkle Tal – ich habe keine Angst. Du, Herr, bist bei mir; du schützt mich und führst mich. Vor den Augen meiner Feinde deckst du mir einen Tisch; als Gast nimmst du mich bei dir auf und füllst mir den Becher randvoll.

Deine Güte und Liebe umgeben mich an allen kommenden Tagen; in deinem Haus darf ich nun bleiben mein Leben lang.

rufe, folgen sie mir. Sie vertrauen mir. Eine Beziehung mit den Tieren aufzubauen, kann man nicht erlernen. Dazu braucht man eine innere Neigung. Vielleicht habe ich die geerbt. Schon seit mehreren Jahren wird in meiner Familie und der Familie meiner Frau mit Schafen gearbeitet.

Wie versorgst du deine Schafe?

Ich sorge dafür, dass meine Schafe genug zu essen und zu trinken haben. Dazu treibe ich sie auf gute Weideplätze. Ich bleibe aber nicht die ganze Zeit bei den Schafen, sondern stecke den Weideplatz in eine neue Weide, überlege, auf welcher Weide es meinen Schafen gut gehen wird. Wenn ein Schaf krank wird, kümmere ich mich darum. Dann rufe ich meine Frau mit dem Handy an und die kommt das kranke Schaf mit dem Auto abholen und bringt es in den Stall. Dann versorge ich es. Wenn wir mit dem Auto nicht bis zur Herde kommen, trage ich mein Schaf eben ein Stück. Dazu habe ich einen Sack dabei. Manchmal schlafe ich sogar bei meinen Schafen an der Weide.

Musst du oft Wölfe und Bären verjagen?

Die gibt es im Taunus gar nicht mehr! Aber dafür streunende Hunde, rücksichtslose Autofahrer, Mountainbiker und Jogger! Wenn ich meine Schafe über die Straße treiben will, ist das ganz schön gefährlich. Und streunende Hunde bringen meine Herde schnell durcheinander. Dann muss ich eingreifen und den Hund festhalten, bis der Besitzer kommt. Oder ich schleudere mit meinem Hirtenstab Dreck auf den Hund. Am Hirtenstab ist unten eine kleine Schaufel angebracht, damit geht das. Der erschreckt sich dann und flüchtet. Und ich achte natürlich darauf, dass mir kein Schaf verloren geht. Denn mir ist jedes einzelne Tier wichtig.

Was ist für dich als Schäfer ein schöner Moment?

Wenn meine Schafe abends zufrieden im Stall stehen. Ich gehe jeden Abend durch den Stall und vergewissere mich, dass keinem Schaf etwas fehlt. Ich höre an ihrem Blöken, ob sie zufrieden sind. Dann geht es mir auch gut.

erlebnisweg

Angst und Geborgenheit

▶ **Wenn ich Angst habe**

Ablauf: Die Kinder bekommen eine Situation geschildert oder schildern eine Situation, in der sie Angst haben. Im Bild sollen sie darstellen, wie sie sich eine Lösung der Situation vorstellen.

Situationen
• Mitten in der Nacht wachst du auf, weil es blitzt und donnert. Ein fürchterliches Unwetter tobt über eurem Haus. Was tust du?
• Der blöde Björn hat dir auf dem Schulweg aufgelauert. Zu dumm, dass er größer und stärker ist als du. Nun will er dir deine Turnschuhe aus dem Sportbeutel klauen. Was wünschst du dir?

Die Kinder äußern, was ihnen in Angstmomenten gut tut.
Alter der Kinder: 6-12 Jahre
Anzahl: beliebig
Zeitrahmen: 5 Minuten
Material: Zettel, Stifte

▶ **Schaf-Rätsel**

Ablauf: Die Kinder lösen das Rätsel. Dabei werden die Schafe aus dem oberen Bereich den Schafen in der unteren Reihe zugeordnet und die Worte in die Lösungsfelder übertragen.

Die Kinder entdecken einen Zuspruch.
Alter der Kinder: 5-12 Jahre
Anzahl: beliebig
Zeitrahmen: 5 Minuten
Material: Kopien des Rätsels

ÜBERTRAGUNG

Die Kinder sollen erfahren: Bei Gott finde ich einen Ort, an dem ich mich geborgen fühlen kann.

▶ **In Gottes Hand geborgen**

Ablauf: Der Text wird gelesen. In darstellenden Bewegungen können dabei die benannten Szenen nachgespielt werden.

Wenn du mit einer Rakete zu den Sternen donnerst,
mit einem Pferd durch alle Wüsten reitest,
mit einem Schiff über alle Weltmeere segelst
und mit einem Ballon dreimal um die Welt fliegst,
brauchst du keine Angst zu haben.
Du bist in Gottes Hand geborgen.

Die Kinder entdecken: Bei Gott bin ich geborgen.
Alter der Kinder: 5-12 Jahre
Anzahl: beliebig
Zeitrahmen: 5 Minuten
Material: Text

erlebnisweg
Angst und Geborgenheit

Die Kinder bauen sich Orte der Geborgenheit.
Alter der Kinder: 3-12 Jahre
Anzahl: beliebig
Zeitrahmen: 30 Minuten
Material: Decken, Kissen, Tücher, Kordel

Erzählung zum Thema

▶ **Höhle bauen**
Ablauf: Die Kinder bauen sich Höhlen und machen es sich darin bequem.

▶ **Geborgen**
Geschichte

»Ich will das nicht!«, sagt Paul laut.
»Was?« Tante Heike steht fassungslos in der Tür zum Kinderzimmer. Die Arme hält sie immer noch auf. So, dass Paul hineinlaufen und sich umarmen lassen kann. »Warum nicht?«, will Tante Heike wissen. Paul sagt nichts. »Du wirst dich doch von deiner Tante Heike in den Arm nehmen lassen, oder?« Paul mag nicht. »Dann hat dir Tante Heike auch nichts mitgebracht!«, sagt Tante Heike und geht.

Soll sie doch, denkt Paul und kriecht in seine Höhle zwischen dem Bett und dem Schrank. Blöder Besuch, denkt Paul. Gemütlich ist es hier. Und dunkel. Paul mag sich nicht anfassen lassen. Und umarmen schon gar nicht. Dann muss er immer schreien und um sich schlagen. Komisch ist das, denkt Paul. Wenn einer zu nahe kommt, will Paul immer weg. Am liebsten will er dann in seine Höhle. Da kann er an die bunte Decke gucken und sich bunte Geschichten ausdenken. Dann donnert Paul zu den Sternen und reitet wild durch die Prärie. Dann ist Paul stundenlang auf allen stürmischen Weltmeeren unterwegs und fliegt mit seinem Ballon dreimal um die ganze Welt und zurück.

In der Nacht blitzt und donnert es. Paul hat Angst vor Gewittern. Er nimmt seine Bettdecke und kriecht in seine Höhle. Das Donnern kann er von hier aus immer noch hören, und die Blitze malen ein gespenstisches Muster an die dunkle Decke. Wieder zuckt ein Blitz in seine Höhle. Stürmische See, denkt Paul und wickelt sich enger in seine Bettdecke. Dann geht seine Kajütentür auf. Ein paar Schritte kommen über Deck zu seiner Koje. Eine fremde Hand schiebt sich unter der Decke durch und fühlt nach seiner Hand. »Bist du in der Höhle?«, fragt Mama. Paul nimmt die Hand und hält sie fest.
»Ja!«, sagt er.

Leonhard Blomberg

Angst und Geborgenheit

AUSKLANG
Die Kinder können erfahren: Gott begleitet mich. Ich brauche keine Angst zu haben.

▶ **Giid-Stein**

Ablauf: Die Kinder schreiben die Buchstaben G i i d auf den Stein.

Textvorschlag zur Anleitung

Kennst du den Giid-Stein? Nein? Such dir einen schönen, runden Stein, der sich in deine Hand schmeichelt.
Er muss sich angenehm anfühlen. Mit einem wasserfesten Stift schreibst du nun die Buchstaben G i i d auf den Stein.
Sie bedeuten: Gott ist immer da!
Den Stein kannst du in die Hosentasche oder in die Jacke stecken. Wenn dir etwas Angst macht, kannst du deinen Stein in die Hand nehmen und weißt: Gott ist bei dir.

Die Kinder basteln einen Erinnerungs-Stein.
Alter der Kinder: 5-12 Jahre
Anzahl: beliebig
Zeitrahmen: 5 Minuten
Material: Steine, wasserfeste Stifte

▶ **Von Gottes Hand gehalten**

Ablauf: Der Text wird zugesprochen. Die Kinder fassen sich dabei an die Hände.

Wenn du morgen eine Arbeit schreibst,
wenn du morgen ins Krankenhaus musst,
wenn du morgen nicht mehr weiter weißt,
habe keine Angst.
Du bist von Gottes Händen gehalten.

Text zum Ausklang
Alter der Kinder: 5-12 Jahre
Anzahl: beliebig
Zeitrahmen: 5 Minuten
Material: Text

erlebnisweg

Weihnachten

Ein Licht geht uns auf in der Dunkelheit

Weihnachten

Stellen Sie sich vor, Günther Jauch, der Moderator der bekanntesten deutschen Quizshow „Wer wird Millionär", formuliert folgende Frage: Welches Fest ist wie kein anderes mit der Symbolik »Licht« verbunden?
a) Halloween – b) Ostern – c) Muttertag – d) Weihnachten
Die Antwort ist so eindeutig, dass es weder eine längere Bedenkzeit noch einen der Joker brauchen würde, um diese Frage richtig beantworten zu können: Weihnachten, natürlich! Vermutlich wäre dies eine Frage für den untersten Schwierigkeitsgrad im Quizverlauf und nicht mehr als 50,- Euro wert.
Fallen Ihnen auf Anhieb mehrere Orte in Ihrem Wohnraum ein, an denen Kerzen, Leuchter oder Lichter ihren festen Platz haben?

Das Weihnachtsfest ist das einzige christliche Fest im Kirchenjahr, das alle Menschen, unabhängig von ihren religiösen Einstellungen, betrifft. Die weihnachtliche Symbolfülle legt sich wie eine warme Decke über die Alltagswirklichkeit und erfasst so oder so jeden von uns.

Das Weihnachtsfest lässt sich theologisch mit drei Motiven kennzeichnen: Die Feier der Geburt Jesu Christi, das Fest des Lichtes und das Fest der Menschwerdung Gottes. Diese theologischen Motive scheinen mehr oder minder durch die tradierte und individuell inszenierte familiäre Festgestaltung hindurch.

Welche Geschichte hat Ihre eigene Weihnachtsgestaltung? Welche Rituale haben Bestand, und welche sind im Laufe der Jahre verändert oder weggelassen worden?

Wenn auch die Gestaltungselemente über die Jahre einen Wandel erlebt haben, so sind die Motive der Weihnachtsgestaltung dieselben geblieben:

Fest der Besinnung

Den Anlass für die Besinnung gibt die lukanische Weihnachtserzählung, die Geschichte von der Geburt Christi. Nicht selten finden sich in den Familien Krippen und Krippenfiguren, die zu Beginn der Adventszeit oder am Heiligen Abend ausgepackt und aufgestellt werden. Bei Kerzenschein wird das Szenario gemeinsam betrachtet, manchmal auch biblische Geschichte gelesen oder gespielt. Bei manchen lädt auch das weihnachtliche Liedgut, ob gesungen oder aufgesagt, zur besinnlichen Betrachtung des weihnachtlichen Geschehens ein. Doch es scheint immer schwerer zu werden, den christlichen Sinngehalt des Weihnachtsfestes angesichts der vielfältigen tradierten Erzählungen von Weihnachtsmännern, Weihnachtsbäumen und Weihnachtsmäusen nicht aus den Augen zu verlieren.

Biblische Texte
Jesaja 60,1-2
Jesaja 8,23; 9,1
Johannes 8,12
Lukas 2,1-20
Matthäus 5,14-16

erlebnisweg
Weihnachten

Moment der Hingabe - des Geschenks

Über welches Weihnachtsgeschenk haben Sie sich in Ihrer Kindheit besonders gefreut? Freude bereiten und Freude schenken gehört unabdingbar zu den Momenten der Weihnachtsgestaltung dazu. Wenn die Kerzen am Baum leuchten, wird der Raum verdunkelt und die gespannt wartenden Kinder werden mit einem Glockenklingeln zur Freude eingeladen. Auch hier ist die christliche Sinngebung spürbar: Weil Gott sich in Christus der Welt zum Geschenk macht und damit den eigentlichen Anlass zur Weihnachtsfreude gibt, können und wollen die Menschen einander durch Geschenke Freude bereiten. Sogar ohne den christlichen Glauben wird dieses Motiv verstanden: Zum Fest der Liebe wird Liebe verschenkt und empfangen – leider inzwischen oft getrübt durch die Konsumausrichtung des Weihnachtsfestes.

Fest der Familienidylle?

In der Festgestaltung rund um Weihnachten bleibt viel Platz für Erinnerungen an vergangene und kindheitliche Weihnachtsfeiern. Gefühle brechen auf und die Familie wird in den Mittelpunkt der Weihnachtsgestaltung gerückt: Familienzeiten bei Kerzenschein, gekennzeichnet von harmonischem Miteinander. Dennoch kann jede Familie ein Lied singen von enttäuschten Erwartungen an die besondere Harmonie zum Weihnachtsfest. Es erscheint unter Umständen befremdlich, zu Weihnachten eine Familienidylle zu suchen, die ansonsten nicht gelebt wird.

Rituale und Symbole

Nicht nur beim Weihnachtsfest, aber besonders dort werden Festzeiten als inszenierte Rituale innerhalb der Familie spielend gelernt und verstanden. Es erscheint sinnvoll, von Zeit zu Zeit die überkommenen Weihnachtsrituale kritisch auf ihren Sinngehalt zu hinterfragen und sich zu besinnen auf das, was zu Weihnachten eigentlich seinen Ausdruck finden will: Mit der Geburt Christi wird es Licht in der Dunkelheit. Die adventlichen Symbole sprechen von der erwartungsfrohen Hoffnung auf die Ankunft des Gottessohnes. Die Weihnachtsgeschichte enthält überdies den Kern einer Befreiungstheologie: Das Kind kommt arm, rechtlos und wehrlos auf die Erde. Der Messias begegnet denen, die am Rande der Gesellschaft stehen und keine Zukunft haben.

Licht und Finsternis sind Symbole für Leben und Tod. Gerade in der dunklen Jahreszeit wird das Licht als unverzichtbar empfunden und erlebt. Steht zu Beginn der Adventszeit das einzelne Licht, so gewinnt es mehr und mehr an Helligkeit und erstrahlt schließlich in der ganzen Fülle am Weihnachtsbaum. In allen Weltreligionen ist das Licht das einzige universale Symbol für Gottes Erscheinen. Mit der Gestalt, die das Licht in Jesus Christus erhält, kommt Hoffnung in eine Welt, die unter Krankheit, Krieg und Not leidet. Es wird deutlich: Gott ist mit uns.

DIE SITUATION DER KINDER

Die Kinder erleben die Advents- und Weihnachtszeit als ein Feuerwerk von Licht-Riten und Licht-Gebräuchen: Lichterketten leuchten in den Geschäften und auf den Fensterbänken, die Tannenbäume in den Gärten werden mit Lichterketten behängt, Adventskränze, Kerzengestecke werden in den Wohnungen aufgestellt und spätestens am Heiligen Abend wird der Weihnachtsbaum in der Wohnung mit Kerzen bestückt und geschmückt.

Kindern fällt es schwer, darauf zu warten, dass es nach und nach heller wird. Der Weg des zunehmenden Lichtes über die Adventssonntage bis zum Heiligen Abend lässt sich angesichts der Lichterflut, die schon Wochen zuvor einsetzt, kaum mehr verfolgen. Dabei wäre gerade dieser symbolische Ansatz eine geeignete Möglichkeit, Kinder wieder neu teilhaben zu lassen an der wachsenden Hoffnung, an der Zunahme der Erwartung und an der Steigerung der Freude, die mit der Geburt Christi schließlich ihren Höhepunkt erreicht.

Biblischer Zuspruch
Christus spricht: Ich bin das Licht der Welt.

Kinder sehen so viel weihnachtliches Licht, dass sie die einzelne Kerze leicht übersehen.

Erlebnisweg Weihnachten

Teelichter werden angezündet, wenn das Licht des Leuchtturms sie erreicht.

Alter der Kinder: 6-12 Jahre

Anzahl: 6 pro Gruppe, ggf. Kleingruppenbildung

Zeitrahmen: 45 Minuten (Bastel- und Spielphase)

Material: Pappe für den Bau von Leuchtturm und Spielfeld, Vorlagen, Teelichter, Schere, Kleber, Würfel

SENSIBILISIERUNG

Mit Kindern Weihnachten zu feiern meint, ihnen den Blick auf das Wesentliche zu ermöglichen.

▶ **Leuchtturm bauen**

Ablauf: Gemeinsam werden nach Anleitung der Spielplan und der Leuchtturm gebaut. Dazu werden die Vorlagen von Leuchtturm und Spielplan (vergrößert) auf Pappe übertragen. Die Pappvorlage für den Leuchtturm wird ausgeschnitten, rund gebogen und schließlich an den Klebestellen zusammengeklebt. Wichtig ist, dass ein Spalt bleibt, durch den ein Lichtschein auf den Plan scheinen kann.

In die Mitte des Spielfeldes wird ein brennendes Teelicht gestellt und der Leuchtturm darüber gestülpt. Bitte treffen Sie Vorsichtsmaßnahmen gegen Brandgefahr. Jedes Kind erhält ein Teelicht, das rückseitig zur Lichtöffnung des Leuchtturms aufgestellt wird. Das Licht im Raum wird gelöscht. Nun wird reihum gewürfelt. Bei »1« oder »2« wird das Teelicht ein Spielfeld nach rechts oder links bewegt. Bei »3« oder »4« wird der Leuchtturm ein Feld nach rechts oder links gedreht und bei »5« oder »6« kann entweder der Leuchtturm oder das Licht bewegt werden. Wenn ein Teelicht in den Lichtschein kommt, darf es angezündet werden. Es spielt natürlich weiter mit. Kommt es in den nächsten Runden auf ein Spielfeld, auf dem bereits ein anderes steht, oder wird es erneut vom Lichtschein beleuchtet, kann es sein Licht an den/an einen beliebigen Mitspieler weitergeben. Das Spiel endet, wenn alle Lichter brennen.

Übertragung: Die Teelichter symbolisieren in diesem Spiel Schiffe. So, wie der Leuchtturm mit seinem Licht den Schiffen den Weg zeigt, zeigt das adventliche Licht den Weg zur Weihnachtsfreude.

erlebnisweg Weihnachten

▶ **Weihnachten in Ghana**

Ablauf: Die Kinder lesen den Brief; der Brief wird vorgelesen.

Hallo!

Mein Name ist Stephen, ich bin 15 Jahre alt und komme aus Ghana. Ghana liegt im Westen Afrikas. Bei uns bauen die Jungen aus der Nachbarschaft zu Weihnachten eine große Hütte aus Zweigen und Ästen von Palmen. Manchmal schmücken wir die Hütte mit Leuchtkerzen, aber es bleibt so lange hell, dass wir die Kerzen eigentlich nicht brauchen. An den Weihnachtsabenden feiern wir in der Hütte und übernachten darin. Die Frauen und Mädchen kochen Fufu mit Hähnchensuppe oder Reis mit Hähnchensoße. Fufu ist ein Nationalgericht und wird aus gestampften Kartoffeln und Kartoffelmehl gemacht. Geschenke gibt es bei uns nicht. Aber manche Kinder bekommen kleine runde Weihnachtskekse und machen daraus eine Halskette, damit sie nicht verloren gehen.

Viele Weihnachtsgrüße von Stephen

Idee: Es ist denkbar, die Kinder eine Antwort auf den Brief formulieren zu lassen, in dem sie von den eigenen Weihnachtsbräuchen erzählen. Die Kinder entdecken, dass eine Weihnachtsgestaltung in Fülle nicht selbstverständlich ist. Das macht nachdenklich.

Weihnachtsbräuche aus aller Welt entdecken
Alter der Kinder: 6-12 Jahre
Anzahl: beliebig
Zeitrahmen: 5 Minuten
Material: ggf. Vorlage als »Brief« für die Kinder kopieren

BEWUSSTWERDUNG

Mit Kindern Weihnachten feiern meint, ihnen den Sinngehalt der weihnachtlichen Riten und Bräuche zu erschließen, ohne das Geheimnis anzutasten.

▶ **Lied: Kleines Licht aus Bethlehem**

Klei-nes Licht aus Beth-le-hem, leuch-te weit, so weit!
Lass es al-le Welt er-fah-ren,
leuch-te wie vor vie-len Jah-ren bis in un-sre Zeit.

Kleines Licht aus Bethlehem, künde von der Nacht.
Als so arm und so verloren einst das Gotteskind
geboren, das uns glücklich macht.

Kleines Licht aus Bethlehem, dort im Krippenstroh
hat das Neue angefangen und das Alte ist vergangen.
Das macht uns so froh.

Kleines Licht aus Bethlehem, das sei euch gesagt:
Gott hat selbst das Licht entzündet, dass ihr`s aller
Welt verkündet und es weiter tragt.

Kleines Licht aus Bethlehem, leuchte weit, so weit!
Leuchte wie vor vielen Jahren. Dass es alle Welt
erfahren bis in unsre Zeit.

Text: Rolf Krenzer; Melodie: Reinhard Horn
Aus: Friedenslicht aus Bethlehem, Heft und CD, Kontakte
Musikverlag, Lippstadt 2000.

erlebnisweg Weihnachten

Geschichte zum Thema: Adventsbräuche

▶ **Und wenn wir mehr als vier Adventskerzen brauchen?**

»Kein Adventskranz in diesem Jahr?« Kathi blickt Mutti ärgerlich an. »Hast du ihn vergessen?« Mutti schüttelt den Kopf. »Ich wollte diesen Advent keinen aufstellen!« – »Jedes Jahr hatten wir einen!«, mault Kathi. »Und letztes Jahr war auch Vati noch dabei!« – »Eben drum!«, antwortet Mutti leise. »Letztes Jahr vor Weihnachten ist Vati hier ausgezogen. Daran hat auch kein Adventskranz etwas geändert.« Bevor Kathi noch weiter maulen kann, stellt Mutti ein kleines Gesteck aus Zweigen vor sie auf den Tisch. »Schau, das habe ich für diesen Advent gekauft«, sagt sie und reicht ihrer Tochter eine rote Kerze. »Die kannst du hier hinein stecken«, meint sie dabei. »Wenn sie richtig fest steht, kannst du sie auch anzünden!« – »Fast so schön wie ein Adventskranz«, flüstert Kathi, als Mutti auch noch das große Licht ausgeknipst und sich neben sie gesetzt hat. »Aber ganz anders!« – »Jeden Tag bis Weihnachten kann es in der Welt etwas heller werden«, meint Mutti dann. »Und wenn wir beide spüren, dass wir etwas ganz besonders Schönes erleben, dann soll es auch hier bei uns zu Hause immer heller werden. Dann zünden wir noch eine zweite Kerze an.« – »Nicht am zweiten Advent?«, fragt Kathi nach. »Da haben wir sonst immer die zweite Kerze am Adventskranz angezündet!« – »Und keiner von uns hat richtig darauf geachtet!«, sagt Mutti so leise, dass Kathi sie kaum versteht. »Ich schon!«, antwortet Kathi nachdrücklich. »Weil wir dieses Jahr keinen Adventskranz haben«, erklärt Mutti noch einmal, »können wir dann, wenn wir uns freuen, einfach eine zweite Kerze anzünden.« Sie greift neben sich in die Schachtel und holt eine violette Kerze heraus. »Vielleicht diese hier!« – »Und wenn wir mehr als vier Kerzen brauchen?«, fragt Kathi nachdenklich. »Vielleicht sogar sieben oder zehn?« – »Dann merken wir, dass wirklich Weihnachten immer näher rückt!«, antwortet Mutti bestimmt. »Und wenn wir sogar zwölf Kerzen anstecken können, dann haben wir uns zwölfmal richtig gefreut. Und das ist sehr viel!« Sie lächelt. »Da besorge ich gern noch mehr Kerzen!« – »Ich darf sie alle anzünden?«, fragt Kathi glücklich. Und auf einmal ist es für beide nicht mehr ganz so schlimm, dass sie jetzt auch ohne Vati zu Hause auskommen müssen.

Rolf Krenzer

ÜBERTRAGUNG

Mit Kindern Weihnachten feiern meint, ihnen einen Rahmen zu geben, in dem sie Weihnachten erleben können.

Spiel zum zunehmenden Licht
Alter der Kinder: 4-12 Jahre
Anzahl: beliebig
Zeitrahmen: 15 Minuten
Material: Tannenzweige in ausreichender Anzahl, Kerzen

▶ **Lichter erhellen die Dunkelheit**

Ablauf: Draußen im Garten oder auf einem freien Platz wird aus den Tannenzweigen eine begehbare Spirale gelegt. Jedes Kind erhält eine brennende Kerze. Nacheinander gehen die Kinder in die Tannenzweigspirale und stellen ihre Kerze immer weiter zum Mittelpunkt der Spirale hin ab. Abstellplätze für die Kerzen können vorher markiert werden. Langsam wird die Tannenzweigspirale bis in die Mitte hin erleuchtet. Zu diesem rituellen Spiel werden Lieder gesungen.

Spielerisch werden weihnachtliche Themen, Gebräuche und Riten erlebt.
Alter der Kinder: 6-12 Jahre
Anzahl: beliebig (in Kleingruppen oder frontal in der Großgruppe)
Zeitrahmen: über mehrere Tage oder Treffen hinweg
Material: je nach Aufgabe, Teelichter

▶ **Das Lichterspiel**

Ablauf: Der Spielplan wird zusammen mit den Figuren und Symbolen kopiert. Die Symbole zum Einkleben in den Spielplan werden ausgeschnitten. Nach jeder Aufgabe wird ein Symbol/eine Figur eingeklebt und ein Teelicht auf den Platz gestellt. Nach und nach erleuchtet das ganze Spielfeld.

erlebnisweg Weihnachten

Aufgaben für den Spielplan

1. Adventsmaler

Besorge dir Zettel und Buntstifte. Reihum denkt sich nun jeder eine Sache aus, die mit Weihnachten zu tun hat, und beginnt, sie auf das Blatt zu malen. Die anderen schauen dabei zu. Wer rät es als Erster? Wer die meisten Sachen errät, bekommt ein Plätzchen.

2. Weihnachtssänger

Übt gemeinsam ein weihnachtliches Lied ein. Vielleicht findet ihr ja auch eine CD mit fetzigen Weihnachtsliedern und macht eine kleine Play-Back-Show daraus. Findet ihr Kostüme dazu?

3. Advent, Advent, ein Lichtlein brennt ...

Weihnachten ist die Zeit der Verse und Gedichte. Versucht euch als Dichter und verfasst gemeinsam ein Weihnachtsgedicht!

4. Das ist ein Wal

Welche Personen und Tiere fallen euch zur Advents- und Weihnachtszeit ein? Reihum denkt sich jeder eine Person oder ein Tier aus und spielt ohne Worte vor. Wer die Person oder das Tier erraten kann, bekommt ein Plätzchen.

5. Es war einmal ...

Wie schön ist es, bei Kerzenlicht, Kakao und Keksen beisammen zu sitzen und Geschichten zu erzählen. Erfindet also eine weihnachtliche Geschichte, in der die Worte Weihnachtsbaum, Planet, Rakete, Adventskranzkerze und Außerirdischer vorkommen.

6. Weihnachtsquiz

Teilt euch in zwei Gruppen und spielt gegeneinander (einer muss natürlich die Fragen stellen).

Was heißt Advent?

An welchem Datum wird Nikolaus gefeiert?

Wie heißt die Stadt, in die Maria und Josef reisen müssen?

Wie geht es weiter: Oh Tannenbaum, oh Tannenbaum, wie ...

Wer sagt den Hirten, dass Jesus geboren ist? ... (etc.)

erlebnisweg Weihnachten

7. Weihnachtstheater

Lest einmal die Weihnachtsgeschichte in Lukas 2,1-20 und spielt die Handlung spontan nach. Wenn ihr richtig Lust habt, macht ein Theaterstück mit Verkleidung daraus.

8. Lichter anzünden

Überlegt, wie ihr wem eine Freude machen könnt:

Singt Oma/Opa euer Weihnachtslied vor oder führt eure Play-Back-Nummer auf.

Tragt einem netten Nachbarn euer Gedicht vor.

Erzählt einem Freund/einer Freundin eure Weihnachtsgeschichte.

Übt euer Theaterstück gut ein und bietet euch an, es vorzuspielen: in Altenheimen oder Krankenhäusern oder wo es euch auch einfällt ...

Geschichte zum Licht, das aus der Krippe scheint

▶ **Ist das nicht herrlich**

Voller Geheimnisse war die Nacht, als der Himmel über Bethlehem in einem neuen Licht erstrahlte. Vor den Toren der Stadt hielten die Hirten Nachtwache bei den Schafherden. Wenn sie am Feuer saßen, hörten sie gerne die Geschichten von Micha, dem Ältesten in ihrer Mitte. Niemand wusste, woher er eigentlich kam. Vor vielen Jahren war er aus seiner Heimat vertrieben worden. »Er ist ein wenig wunderlich«, sagten die anderen Hirten, denn seine Augen glänzten, wenn er ihnen von seiner Hoffnung auf den Messias erzählte. »Eines Tages wird Gottes Herrlichkeit erscheinen und die ganze Welt wird in einem neuen Licht erstrahlen. Wenn der Friedenskönig kommt ...«, so begannen viele seiner Geschichten.

Besonders Benjamin hörte ihm gern zu. Seit seine Mutter gestorben war und sein Vater sich nicht mehr um ihn kümmerte, lebte er bei den Hirten. Hier bekam er ein wenig Anerkennung und Wärme. Auch Ruben war gut zu Benjamin, obwohl ihn die Sorge um die eigene Familie quälte. Der Lohn seiner Arbeit reichte kaum aus, um seine Kinder zu ernähren. Der Fremde, der sich in dieser Nacht zu ihnen ans Feuer gesetzt hatte, sah erbärmlich und abgerissen aus. Er schämte sich, in die Stadt zu gehen, und suchte frierend Schutz und Wärme bei den Hirten.

Micha wollte gerade mit einer neuen Geschichte beginnen, als sich plötzlich ein strahlendes Licht über die Felder ergoss und eine Stimme ertönte: »Habt keine Angst! Freut euch über den Retter der Welt, heute ist er geboren: Jesus, der Messias in Bethlehem. Und daran werdet ihr ihn erkennen: Ein Kind liegt in Windeln gewickelt in einer Futterkrippe.« Die Hirten waren erschrocken. Schützend hielten sie die Hände vor ihr Gesicht. Als sie nach einer Weile vorsichtig aufblickten, sahen sie Gottes Engel und bei ihm einen großen Chor, dessen Gesang den Himmel erfüllte: »Ehre sei Gott in der Höhe und Friede auf Erden bei den Menschen, die Gott lieb hat!«

Als es wieder dunkel wurde, schauten sich die Hirten an: »Was war das, Micha?« - »Ist nun geschehen, worauf ich so lange gehofft habe? Welch ein Licht! Ein solches Blau habe ich noch nie gesehen. Nun wird Frieden sein, und auch ich werde eine Heimat finden.« Benjamin schaute Micha an: »Ich habe ein anderes schönes Licht gesehen, alles war in ein tiefes Rot getaucht. Ich freu mich so, ich werde wieder eine Familie haben!« – »Die grünen Lichtstrahlen haben mir etwas anderes gezeigt!« Ruben nickte den anderen zu. »Vorbei sind Hunger und Durst, alle Kinder der Welt werden satt sein.« Auch der Fremde stand auf: »Und mir hat ein gelbes Leuchten gezeigt: Die Zeit der Schande ist vorbei. Alle Menschen werden in Würde leben.« - »Ist das nicht herrlich?« Sofort brachen die Hirten nach Bethlehem auf und fanden alles, wie der Engel es ihnen gesagt hatte. Da war es Benjamin, als strahle ein wunderbares Licht aus der Krippe mit dem Kind. Es tauchte Michas Gewand in ein tiefes Blau, Ruben leuchtete in grünem Glanz, und der Fremde stand in einem gelben Lichtstrahl aufrecht

erlebnisweg
Weihnachten

vor dem Kind. Und Benjamins Herz wurde ganz warm von dem roten Schein, der auf ihn viel.

Ulrich Walter

AUSKLANG
Mit Kindern Weihnachten feiern meint, im Weihnachtstrubel Oasen der Stille zu finden, in denen besinnliche und sinngebende Erlebnisse möglich werden.

▶ Das Licht meiner Kerze
Ablauf: Die Mitspieler setzen sich in einen Kreis. Jeder bekommt eine Kerze in die Hand. Alle werden still und betrachten die Kerzen.

Einer zündet seine Kerze an und spricht den Text.

Ich habe eine brennende Kerze in der Hand.
Ich bin froh und dankbar dafür.
Ich spüre die Wärme, und das Licht macht den Raum hell.
Ich weiß, dass mein Licht nicht weniger wird,
wenn andere Kerzen damit angezündet werden.

Der Sprecher gibt das Licht vorsichtig an die anderen weiter.
Dann spricht er:
Der Raum wird heller, weil ich abgegeben habe.
Dennoch habe ich nicht weniger.
Auch ich selber kann noch besser sehen und die Wärme spüren.

Nur der Sprecher bläst seine Kerze aus und spricht:
Ein Kerzenlicht ist etwas sehr Verletzliches und Empfindliches.
Schon ein kleiner Windstoß kann es ausblasen.
Auch meine Kraft und Begeisterung
können plötzlich gebremst werden.

Der Sprecher zündet seine Kerze wieder an einer der anderen an und spricht:
Wie gut, dass es neben mir Menschen gibt,
deren Kerze brennt.
So spüre ich: Ich bin nicht der Einzige,
der für Licht und Wärme Sorge trägt.
Ich weiß, dass ich wieder Licht bekommen kann,
wenn meines einmal ausgegangen ist.

Geben und Nehmen.

Reinhard Bäcker

Meditative Gestaltung zum Thema Licht
Alter der Kinder: 6-12 Jahre
Anzahl: beliebig
Zeitrahmen: 5 Minuten
Material: Kerzen

▶ Mach dich auf und werde Licht
Ablauf: Zu dem bekannten Kinderlied erhält jedes Kind ein brennendes Teelicht in einem Glas in die rechte Hand und stellt sich dann hintereinander im Kreis auf. Dabei fasst jedes Kind mit der linken Hand die Schulter des Vorangehenden. Nun wird das Licht gelöscht. Zum Lied schreiten die Kinder im Kreis (mit dem rechten Fuß beginnen). Richtungswechsel und Drehungen können eingebaut werden.

Besinnlicher Tanz zum Lied »Mache dich auf und werde Licht«
Alter der Kinder: 6-12 Jahre
Anzahl: beliebig
Zeitrahmen: 5 Minuten
Material: Teelichter und Gläser

Quellennachweis

Seite 9	(David-Rätsel): © Jutta Schmid, Hamburg.
Seite 16	(Das Brot): VerfasserIn unbekannt.
Seite 18/19	(Norah – ein Mädchen aus ...): aus »Kindernothilfe« Kinder in Afrika. Materialien und Ideenbörse für die Arbeit in der Grundschule.
Seite 20	(Tischgebet): Georg Schwikart, aus: Gebete für Kinder, © Butzon & Bercker, Kevelaer 1993.
Seite 31/32	(Joschua ist wieder froh): © Andrea Moritz, Hargesheim.
Seite 32	(Ostern in Indien): Klaus Vellguth und Betina Gotzen-Beek, aus: Ostern in der weiten Welt, © Verlag Herder, Freiburg/Br. 1999.
Seite 48	(Ben ist begeistert): © Frank Fischer, Lich/Hessen.
Seite 56	(Wasser des Lebens): © Urich Walter, Schwerte.
Seite 70	(Langeweile): © Gina Ruck-Pauquèt, Bad Tölz.
Seite 71	(Gebet): © Bernd Schlüter, Wedel.
Seite 92	(Geschichte zum Thema: Adventsbräuche): © Rolf Krenzer, Dillenburg.
Seite 94/95	(Geschichte zum Licht, das aus der Krippe scheint): © Urich Walter, Schwerte.
Seite 95	(Ich habe eine brennende Kerze in der Hand): Reinhard Bäcker, aus: Friedenslicht und Bethelehem (Heft), © Kontakte Musikverlag, Lippstadt 2000.

Bildnachweis

Seite 6, 9-11, 88: © Jutta Schmid, Hamburg.

Seite 12-13, 19 (oben), 20, 33 (unten), 36, 41, 44, 46/47, (Umrandung/Kirchentorte), 52, 53, 54, 57, 58, 60, 64, 65 (oben), 67, 70, 84 (unten), 85, 87 und 90, Umschlagfoto: © [grafyx], Visuelle Kommunikation GmbH, Hamburg.

Seite 14 und 50: © Studio Thomas Wohl, Hamburg.

Seite 16 (Mitte), 30 (Mitte), 55, 63, 65 (unten) und 76: © Angela Glökler, Hamburg.

Seite 16 (unten), 29, 61 und 72: © Felix Scheinberger, Freiburg/Br.

Seite 17, 21, 69 (oben), 69 (unten), 83 und 86: © Jens Weber, Hamburg.

Seite 19 (unten): Kindernothilfe.

Seite 22-25, 30 (unten), 32, 34, 38-39 und 93: © Dorothée Boehlke, Hamburg.

Seite 28 und 31: Ausschnitt eines von acht Fenstern zum Evangelium des Johannes 10-14 in der Evangelischen Johanneskirche in Köln-Deutz, © Herbert Schuffenhauer, Köln.

Seite 33 (oben): RechtsinhaberIn unbekannt.

Seite 42, 45 und 47: © Rüdiger Pfeffer, Versmold.

Seite 46 (rechts): Logo-Moderatoren, ZDF.

Seite 66, 69 (Mitte): »Knabe am Weg unter Birken« (1900) von Paula Modersohn-Becker, © Kunstsammlungen Böttcherstraße/Paula Modersohn-Becker Museum, Bremen.

Seite 78: © Henning Weskamp, Hamburg.

Seite 80: © Wolfgang Huppertz, Hamburg.

Seite 82: © Martin tom Dieck, Hamburg.

Seite 84 (oben): © Helmut Moos.

Für freundlich erteilte Abdruckgenehmigungen danken wir allen Autorinnen, Autoren, Fotografinnen und Fotografen, Künstlerinnen und Künstlern sowie Verlagen. Trotz intensiver Bemühungen war es leider nicht immer möglich, den/die Rechtsinhaber/in ausfindig zu machen. Für Hinweise sind wir dankbar. Rechtsansprüche bleiben gewahrt.